Warum ein Mann
gut angezogen sein soll

Adolf Loos

Warum ein Mann gut angezogen sein soll

Enthüllendes über
offenbar Verhüllendes

metroverlag

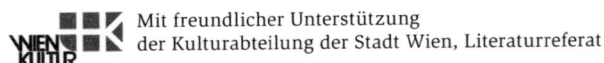

Mit freundlicher Unterstützung
der Kulturabteilung der Stadt Wien, Literaturreferat

2. Auflage
© 2007 metroverlag – verlagsbüro w. gmbh
info@metroverlag.at
alle rechte vorbehalten
gesamtherstellung: cpi moravia books gmbh.
printed in the EU
isbn 978-3-902517-62-3

Inhalt

Lob der Gegenwart

Wenn ich die vergangenen Jahrtausende überdenke und mich frage: in welcher Zeit würdest du wohl am liebsten gelebt haben, so sage ich mir: in der heutigen. O ich weiß, gar manchmal war es eine Lust zu leben. Manche Epoche bot diese, manche jene Vorteile. Und vielleicht lebte man in jeder Zeit glücklicher als in der heutigen. Aber in keiner Zeit ging man so schön, gut und praktisch gekleidet wie heute.

Die Idee, daß ich mich am Morgen mit einer Toga drapieren und diese Draperie den ganzen Tag, den ganzen Tag bitte, in derselben Ordnung an mir herumhängen lassen müßte, könnte mich zum Selbstmord treiben. Ich will gehen, gehen, gehen; und wenn mir eine Laus über die Leber läuft, auf einen dahinsausenden Tramwagen aufspringen. Und dann ist sie weg. Die Römer aber gingen nie. Sie standen herum. Und wenn ich mir im Bade das Leintuch umnehme und knote, so ist es schon in fünf Minuten ganz woanders. Solche Nerven habe ich.

Aber das Cinquecento. Sehr gut. Aber ich sollte mich in Samt und Seide stecken und wie ein Jahrmarktsaffe aussehen? Nein.

Da lobe ich mir meine Kleider. Es ist die menschliche Urkleidung. Die Stoffe sind dieselben, aus denen schon

Wotan, der Allvater, seinen Mantel trug. Die Theaterschneider färben ihn rot oder blau, aber es war ein schottischer Plaid. Denn schon damals gab es schwarze Schafe, und ihre Wolle gab, vermischt mit der der weißen Schafe, das erste Pfeffer- und Salzgewebe.

Es ist die Urkleidung. Wer kennt nicht die große Enttäuschung, die sich des Reisenden in fernen Kontinenten bemächtigt, wenn er gewahr wird, daß er in bezug auf malerische Kleidungen aufgesessen ist. Denn die Haderlumpen am Tigris und in Chicago, in China und in Kapstadt gehen alle wie die in seinem Heimatsneste angezogen. Und der Bettler zu Semiramis' Zeiten hatte dieselbe Uniform wie sein heutiger Kollege in Posemukel.

Es ist die Urkleidung. Unsere alten Hosen könnten in jeder Epoche und an jeder Stelle des Erdballs dem Pauper seine Blöße decken, ohne daß dadurch ein fremder Ton in die Zeit oder Landschaft gebracht würde. Diese Kleidung ist nicht modern. Sie war immer mit uns, begleitete uns durch die Jahrtausende. Die großen Herren der vergangenen Zeiten haben sie verachtet und die dümmsten und unästhetischsten Kapriolen gemacht. Aber ein Haderlump ist und war für das Auge immer ästhetisch, ein Ludwig der Vierzehnte nie. Für das Auge, ich sagte nicht für die Nase.

Es ist die Urkleidung. Es ist keine Erfindung. Nicht

einmal etwas Gewordenes. War immer mit uns, auch in den embryonalen Zeiten der Menschheit. Von den Müttern stieg sie zu uns hinauf.

Es ist die Kleidung des Reichen am Geiste. Es ist die Kleidung des Selbständigen. Es ist die Kleidung des Menschen, dessen Individualität so stark ist, daß er nicht mehr imstande ist, sie durch Farben, Federn und verzwickte Kleiderschnitte zum Ausdruck zu bringen. Wehe dem Maler, der das durch einen Samtrock kann. Der Künstler resigniert.

Als die Engländer die Weltherrschaft antraten, haben sie, befreit von den Nachahmungen der Affenkostüme, zu denen sie durch die anderen Völker verdammt waren, die Urkleidung dem Erdball aufgezwungen. Die Gewebe hatte das Volk Bacons und Wilhelms des Großen, des Schwans vom Avon durch Jahrtausende treu bewahrt. Und die Form wurde zur Einform, zur Uniform ausgebildet, in der die Individualität ihren Reichtum am besten verbergen kann. Zur Maske.

Es ist die Kleidung des Engländers. Es ist die Kleidung jenes Volkes, das unter allen die stärksten Individualitäten zählt, wo die starke Individualität ohne Vermögen, der Landstreicher, nicht ins Arbeitshaus gesperrt wird, und wo man für ihn Wohlwollen und Interesse zeigt. Wo Arbeit keine Schande, noch weniger aber eine Ehre ist, wo jeder sich betätigen oder nicht betätigen kann, wo jeder nach freiem Willen durch das Leben geht. Der Landstreicher ist die heroischste Äußerung einer starken Individualität. Es gehört kein Heldentum dazu, Geld zu haben und nicht zu arbeiten. Wer aber ohne Geld arbeitslos durchs Leben geht, ist ein Held.

Die Deutschen aber muckten auf. Wohl war Goethe der erste, der sich bewußt englisch trug und die stärkste äußerliche Charakterisierung Werthers ist ein Gewand, in dem wir heute John Bull karikieren. Aber der Deutsche will heute noch nicht. Seine Individualität kann noch durch merkwürdige Kleiderschnitte, durch außergewöhnliche Erfindungen auf diesem Gebiete, durch abenteuerliche Krawatten zum Ausdruck gebracht werden. Innerlich sind sie alle gleich. Jeder von ihnen geht heute in den Tristan, raucht seine fünf Zigarren täglich, geht morgen ins Tingltangl, spricht in gleicher Situation dieselben Sätze (man frage die Prostituierten), trinkt seine gleiche Anzahl Biere zur Erlangung der Bettschwere, erzählt von zwölf Uhr an Mikosch-Witze und legt sich zu seiner Frau. Dafür will er doch individuell gekleidet sein und verachtet die Uniformität des Engländers.

Der aber sauft sich entweder zu Tode oder er hat noch keinen Tropfen über seine Kehle gebracht.

ADOLF LOOS

Theater, ja selbst Shakespeare ist für diesen Todsünde, für jenen einziger Grund zum Dasein. Es gibt solche unter ihnen, bei denen mit der Befruchtung jede sexuelle Empfindung aufhört, und solche, lange vor Sade, die von den unerhörtesten Lastern überschäumen. Und alle sind gleich angezogen.

Der Engländer kauft eine Krawatte. Packen Sie mir eine um den und den Preis für diese und diese Gelegenheit ein.

Der Deutsche kauft eine Krawatte. Das heißt, soweit sind wir noch nicht. Jeden Bekannten fragt er, wo er seine Krawatte gekauft hat. Tagelang treibt er sich auf der Gasse herum, von Schaufenster zu Schaufenster. Schließlich nimmt er noch einen Bekannten mit, der bei der Auswahl behilflich sein muß. Und hat dann glücklich für zwei Mark am Nationalgeldumsatz beigetragen.

Aber während dieser Zeit hätte der Engländer ein paar Schuhe gemacht oder ein Gedicht oder an der Börse ein Vermögen gewonnen oder eine Frau glücklich oder unglücklich gemacht.

Lasset dem Tschandala seinen individuellen Hosenschnitt. Der Königssohn will unerkannt durch die Straßen schreiten.

Wäsche

Neulich geriet ich mit einem Bekannten in Streit. Was ich über kunstgewerbliche Fragen schrieb, wollte er wohl gelten lassen. Aber die Mode- und Bekleidungsthemen gingen ihm gegen den Strich. Er warf mir vor, daß ich die ganze Welt uniformieren wolle. Was soll denn dann aus unseren herrlichen Nationaltrachten werden!

Hier wurde er poetisch. Er gedachte seiner Kindheit, gedachte der herrlichen Sonntage in Linz, gedachte des Landvolkes, das festlich geschmückt sich zum Kirchgang versammelte. Wie prächtig, wie schön, wie malerisch! Wie ist das nun alles anders geworden! Nur die alten Leute hielten an der alten Tracht fest. Die jungen aber äffen schon den Stadtleuten nach. Man möge lieber das Volk für die alte Tracht wieder zu gewinnen suchen. Das wäre die Aufgabe eines Kulturliteraten.

»Also diese alte Tracht hat Ihnen gefallen?« warf ich ein. – »Gewiß.« – »Und Sie wünschen daher, daß diese Tracht für ewige Zeiten erhalten bleibe.« – »Das ist mein sehnlichster Wunsch!«

Nun hatte ich ihn, wo ich ihn haben wollte. »Wissen Sie«, sprach ich zu ihm, »daß Sie ein ganz gemeiner, egoistischer Mensch sind. Wissen Sie, daß Sie einen ganzen Stand, einen großen herrlichen Stand, unseren Bauernstand, ausschließen wollen von allen Segnungen der Kultur. Und warum? Damit Ihr Auge, sobald sie sich aufs Land begeben, malerisch gekitzelt werde! Warum laufen Sie denn nicht so herum? Ah, Sie möchten sich schönstens bedanken. Aber Sie verlangen von anderen Menschen, daß Sie Ihnen zuliebe in der Landschaft Staffage spielen, um Ihr trunkenes Literatenauge nicht zu beleidigen. Ja, stellen Sie sich doch einmal hin und machen Sie einmal den Wurstl für den Hrn. Kommerzienrat, der unverfälschte Alpen genießen will. Der Bauer hat eine höhere Mission zu erfüllen, als für die Sommerfrischler die Berge stilvoll zu bevölkern. Der Bauer – der Spruch ist schon bald hundert Jahre alt – ist kein Spielzeug!«

Auch ich gebe zu, daß mir die alten Trachten sehr gut gefallen. Das gibt mir aber noch kein Recht, von meinem Nebenmenschen zu verlangen, sie meinetwegen anzulegen. Die Tracht, die in einer bestimmten Form erstarrte Kleidung, die sich nicht mehr weiter entwickelt, ist immer das Zeichen, daß ihr Träger es aufgegeben hat, seinen Zustand zu verändern. Die Tracht ist die Verkörperung der Resignation. Sie sagt: Ich muß es aufgeben, mir im Kampfe um das Dasein eine bessere Stellung zu erobern, ich muß es aufgeben, mich weiter zu entwickeln. Als der Bauer noch frisch und fröhlich kämpfte, als er von den grünsten Hoffnungen erfüllt war, da wäre es ihm nicht im Traume eingefallen, denselben Rock anzuziehen, den sein Großvater getragen hatte. Das Mittelalter, die Bauernkriege, die Renaissance kennen das starre Festhalten an den Kleidungsformen nicht. Der Unterschied zwischen der Kleidung des Städters und des Bauern wurde nur durch die verschiedene Lebensführung bedingt. Städter und Bauer verhielten sich damals zu einander wie heute Städter und Farmer.

Da verlor der Bauer seine Selbständigkeit. Er wurde zum Leibeigenen. Leibeigener mußte er bleiben, er und seine Kindeskinder. Wozu sollte er sich da anstrengen, sich durch sein Kleid über seine Umgebung zu erheben, also eine Änderung in seiner Kleidung herbeizuführen? Es nützte ja doch nicht. Der Bauernstand wurde zur Kaste, dem Bauer jede Hoffnung abgeschnitten, diese Kaste zu verlassen. Völker, die sich in Kasten gesondert haben, haben diesen Zug alle gemeinsam, das starre, jahrtausendlange Festhalten an der Tracht.

Dann wurde der Bauer frei. Aber nur äußerlich. Innerlich fühlt er sich doch noch dem Städter gegenüber minderwertig. Das sind die Herren. Die jahrhundertelange Knechtschaft liegt ihm noch zu sehr in den Gliedern.

Nun aber kommt eine neue Generation. Die hat der Tracht den Krieg erklärt. Dabei hat sie eine gute Verbündete, die Dreschmaschine. Wo die einmal ihren Einzug hält, ist es für immer mit dem malerischen Plunder vorbei. Der geht nun dahin, wo er hingehört: In die Maskenleihanstalt.

Das sind herzlose Worte. Sie müssen aber ausgesprochen werden, weil in Österreich zufolge einer falschen Sentimentalität sich sogar Vereine gebildet haben, die bestrebt sind, dem Bauern das Brandmal seiner Knechtschaft zu erhalten. Und doch hätten wir Vereine, welche den umgekehrten Weg einschlagen, viel notwendiger. Denn von der Kleidung, wie sie die großen Kulturvölker tragen, sind auch wir Städter noch weit entfernt. Äußerlich sehen wir ja ganz passabel aus. Da können wir es schon mit den anderen aufnehmen. Wir können es, wenn wir uns von einem ersten Wiener Schneider anziehen lassen, schon zuwege bringen, auf Londoner, New Yorker und Pekinger Pflaster für zivilisierte Europäer gehalten zu werden. Wehe uns aber, wenn uns die Oberfläche der Bekleidung Stück für Stück abfiele und wir in der Wäsche dastünden! Da würde man gewahr werden, daß wir unsere europäische Kleidung nur wie einen Maskenzug anlegen, denn unter derselben tragen wir noch die nationale Tracht.

Aber entweder – oder. Wir müssen uns entschließen. Entweder wir haben den Mut der Überzeugung, uns von der übrigen Menschheit abzusondern und legen eine Nationaltracht an. Oder aber, wir wollen uns an die übrige Menschheit halten und kleiden uns wie diese. Äußerlich aber den modernen Kulturmenschen spielen zu wollen und mit jenen Kleidungsstücken, die dem fremden Blicke erreichbar sind, anderen die Augen auszuwischen, zeigt nicht von vornehmer Denkungsart.

Während uns in der Oberkleidung eine ganze Welt von dem Landmann trennt, unterscheidet sich unsere Unterkleidung, unsere Wäsche in nichts von der des Bauern. In Ungarn trägt man dieselben Unterhosen wie der Csikos, in Wien dieselben, die der niederösterreichische Bauer trägt. Was ist es nun, was uns so sehr in der Wäsche von den übrigen Kulturvölkern trennt?

Es ist die Tatsache, daß wir um mindestens 50 Jahre hinter dem Stadium zurückstehen, das England gegenwärtig der gewirkten Wäsche gegen die gewebte Wäsche erkämpft hat. In der Oberkleidung haben wir ja im Laufe dieses Jahrhunderts keine großen Umwälzungen zu verzeichnen. Um so einschneidender sind sie in der Unterkleidung. Vor hundert Jahren noch hüllte man sich ganz in Leinwand. Im Laufe dieses Jahrhunderts aber ist man schrittweise daran gegangen, dem Wirkwarenerzeuger wieder sein Gebiet zurückzuerstatten. Schrittweise ging man vor, das heißt von Körperteil zu Körperteil. Man begann mit den Füßen und ging nach aufwärts. Gegenwärtig gehört dem Wirker der ganze Unterkörper, während sich der Oberkörper noch gefallen lassen muß, daß das Trikothemd durch ein Leinwandhemd verkleidet wird.

Man begann mit den Füßen. Auf diesem Standpunkte stehen wir nun auch. Auch wir tragen keine Fußlappen mehr, sondern Strümpfe. Aber wir tragen noch Leinwandunterhosen, einen Artikel, der in England und Amerika schon ausgestorben ist.

Wenn ein Mann aus den Balkanstaaten, die noch immer Fußlappen tragen, nach Wien käme, und er würde eine Wäschehandlung aufsuchen, um seine landesübliche Fußbekleidung zu kaufen, so würde ihm die unfaßbare Mitteilung gemacht werden, daß man Fußlappen nicht zu kaufen bekommt. Aber auf Bestellung könne er sie wohl haben. Ja, was tragen denn die Menschen hier? – Fußsocken. – Fußsocken? Das ist ja sehr unbequem. Und zu heiß im Sommer. Trägt denn niemand mehr Fußlappen? – O ja, die ganz alten Leute. Aber die jungen fänden wieder Fußlappen unbequem. Der gute Mann aus den Balkanstaaten entschließt sich dann schweren Herzens, den Versuch mit den Socken zu machen. Damit hat er eine neue Staffel der menschlichen Kultur eingenommen.

Philippopel zu Wien verhält sich wie Wien zu New York. Versuchen wir dort daher – nicht Fußlappen, man würde uns gar nicht verstehen –, sondern Leinwandunterhosen einzukaufen. Ich muß den Leser schon bitten, das vorhergehende Gespräch noch einmal zu lesen und dafür die Worte »Mann aus den Balkanstaaten« in »Wiener« und »Fußlappen« in »Leinwandunterhosen« umzuwandeln. Denn genau so würde sich dasselbe abwickeln. Ich spreche aus eigener Erfahrung. Dann hat man das Originalgespräch, das durch die Fußlappen nur für Wiener Verhältnisse verständlich gemacht wurde.

Wer die gewebten Stoffe bequemer findet als die gewirkten, möge sie nur immer tragen. Denn es wäre ein Unsinn, den Leuten eine Kulturform aufzuoktroyieren, die ihrem innersten Wesen nicht entspricht. Tatsache ist, daß dem Menschen auf der Höhe der Kultur die Leinwand unbequem wird. Wir müssen also abwarten, bis wir Österreicher auch ihre Unbequemlichkeit empfinden. Die zunehmende Ausbreitung der Leibesübungen, des Sports, der aus England kommt, hat auch die damit verbundene Abneigung gegen Leinwandwäsche zur Folge. Auch die gestärkte Hemdbrust, Kragen und Manschetten sind dem Sport hinderlich. Die ungestärkte Hemdbrust ist die Vorläuferin des ungestärkten Kragens. Beide haben nur die Aufgabe, dem Trikothemd und dem Flanellhemd die Wege zu ebnen.

Die Trikotwäsche birgt allerdings eine große Gefahr. Eigentlich ist sie nur für Leute bestimmt, die sich um ihrer selbst Willen waschen. Viele Deutsche aber erblicken in dem Anlegen der gewirkten Wäsche einen Freibrief dafür, sich nicht waschen zu müssen. Kommen doch aus Deutschland alle Erfindungen, die das Waschen ersparen sollen. Aus Deutschland kam die Zelluloidwäsche, die falsche Hemdbrust, die Krawatte mit angesetzter Brust aus demselben Stoffe. Aus Deutschland stammt die Lehre, daß das Waschen der Gesundheit nicht zuträglich und daß man ein Trikotshemd jahrelang tragen könne – so lange es sich die Umgebung nicht ernstlich verbietet. Dem Amerikaner ist der Deutsche ohne blühend weiße, aber falsche Hemdbrust ganz undenkbar. Das beweist die Karikatur des Deutschen, die sich die amerikanischen Witzblätter zurechtgelegt haben. Man erkennt den Deutschen an dem Zipfel der Hemdbrust, der ihm immer bei der Weste heraussieht. Nur noch eine zweite Klasse von Menschen trägt laut der amerikanischen Karikatur das falsche Vorhemd, der *tramp*, der Landstreicher.

Die falsche Hemdbrust bedeutet wahrscheinlich kein Symbol engelhafter Reinheit. Um so unangenehmer ist es, daß dieses für den Kulturzustand eines Volkes traurige Kleidungsstück in der Ausstellung in jener Abteilung zu finden ist, in der unsere besten Schneider ausgestellt haben. Das drückt die ganze vornehme Exposition.

Ein neuer Geschäftstypus: *Tailors and outfitters*. Der *outfitter* hält alles auf Lager, was zum Anzuge des Mannes gehört. Seine Aufgabe ist keine leichte. Für jeden Artikel, den er verkauft, ist er dem Käufer dafür verantwortlich, daß er einen vornehmen Eindruck hervorruft. Von einem gut geführten Modegeschäft kann man verlangen, daß man blind hineingreifen kann, ohne demselben etwas Geschmacksloses, also Unvornehmes entnehmen zu können. Der großen Masse darf der *outfitter* keine Konzessionen machen. Die Ausrede, daß auch für den andern Geschmack gesorgt werden müsse, darf vom Geschäfte ersten Ranges nie angewendet werden. Er darf sich niemals irren. Ist ihm einmal ein Irrtum passiert, so hat er seinen Kunden gegenüber die Verpflichtung, den betreffenden Artikel aus seinem Geschäfte zu entfernen. Fürwahr, keine leichte Aufgabe. Denn es ist schwer, die führende Rolle im Modefache zu erwerben, noch schwerer aber, sich in dieser Rolle zu erhalten. Und doch wird nur der kleinste Teil der Waren in seiner Werkstatt hergestellt. Er ist vorwiegend Händler. Zum Gewerbetreibenden verhält er sich ähnlich wie der Sammler, der Direktor einer Gemäldegalerie zum Künstler. Auch jenem liegt die Verpflichtung ob, aus der Fülle des Geschaffenen das Beste auszuwählen. Das ist Geistesarbeit genug, um ein Menschendasein auszufüllen.

Man muß diese Gedanken aussprechen, wenn man mit anonymen Sendungen überschwemmt wird, die gewöhnlich die »Verdächtigungen« aussprechen, daß der von mir günstig Besprochene seine Waren nicht selbst herstellt. Selbst wenn ich in diesem Umstande etwas erblicken würde, könnte ich mich doch nicht damit befassen, die Provenienz der Waren nachzuprüfen. Ich bin kein Detektiv. Mir ist es gleichgültig, wo sie entstanden sind. Hauptsache ist, daß der Geschäftsmann diese Waren in dieser Ausführung zu liefern imstande ist. Ob er nun eine eigene Werkstätte hält oder die Arbeit auf einige fremde Werkstätten verteilt, ist für die Objekte gleichgültig. Denn nur diesen gelten meine Besprechungen.

Vorzügliche Waren enthält auch die Exposition der Wirkwarenerzeuger. Nach weißer gewirkter Wäsche, der einzig korrekten, kann man aber vergebens Umschau halten. Bekanntlich tragen gegenwärtig auch unsere Damen weiße, blauweiße Strümpfe, oder werden sie diese in Wien vielleicht erst tragen?

Daß man unter den zahlreichen Ausstellern für Damenmode so viel schon fertig gebundene Krawatten findet, ist betrübend. Schon beim Manne sehen diese Maschen recht gewöhnlich aus. Die Halsbinde, die vorne einen Knoten oder Schleife zeigt, hinten zusammengehalten wird, gehört in die Rubrik der Papierwäsche und Similibrillanten. Ganz schweigen will ich von jenen doppelt um den Hals gewundenen Krawatten, die diesen schönen Effekt mit Hilfe eines mit Seidenstoff überzogenen Stückes Pappendeckel und einiger »Patente« zu erreichen suchen, den Favorit-Halsbinden unserer Vorstadtelegants. Daß aber unsere Wiener Mädchen und Frauen sich solcher Surrogate für das Binden einer Schleife bedienen, zeigt, daß der oft gerühmte Wiener Chic im Aussterben begriffen ist. Ich wünschte mir ein Geschäft in Wien, dessen Besitzer jedem, der nach fertigen Krawatten fragen sollte, stolz antworten könnte: Fertige Krawatten? Nein! Die führen wir nicht!

Die Herrenmode

Gut gekleidet sein, wer möchte das nicht? Unser Jahrhundert hat mit den Kleiderordnungen aufgeräumt und jedem steht nun das Recht zu, sich wie der König anzuziehen. Als Gradmesser für die Kultur eines Staates kann der Umstand gelten, wie viele seiner Einwohner von dieser freiheitlichen Errungenschaft gebrauch machen. In England und Amerika alle, in den Balkanländern nur die oberen Zehntausend. Und in Österreich? Ich wage diese Frage nicht zu beantworten.

Ein amerikanischer Philosoph sagt irgendwo: Ein junger Mann ist reich, wenn er Verstand im Kopf und einen guten Anzug im Kasten hat. Der Mann kennt sich aus. Der kennt seine Leute. Was nützte aller Verstand, wenn man ihn nicht durch gute Kleider zur Geltung bringen könnte. Denn die Engländer und Amerikaner verlangen von jedem, daß er gut gekleidet ist.

Die Deutschen tun aber noch ein Übriges. Sie wollen auch schön gekleidet sein. Tragen die Engländer weite Hosen, so weisen sie ihnen sofort nach – ich weiß nicht, ob mit Hilfe des alten Vischer oder des Goldenen Schnittes – daß dies unästhetisch sei und nur die enge Hose Anspruch auf Schönheit machen könne. Polternd, schimpfend und fluchend lassen sie ihre Hose von Jahr zu Jahr breiter werden. Die Mode ist eben eine Tyrannin, klagt man dann. Doch was ist das? Ist eine Umwertung der Werte vorgenommen worden? Die Engländer tragen wieder enge Beinkleider, und genau mit denselben Mitteln wird der Beweis um die Schönheit der Hose nach der andern Seite hin geführt. Werde einer klug daraus.

Die Engländer aber lachen ob der schönheitsdurstigen Deutschen. Die Venus von Medici, das Pantheon, ein Bild von Botticelli, ein Lied von Burns, ja, das ist s c h ö n ! Aber eine Hose!? Oder ob das Jackett drei oder vier Knöpfe besitzt!? Oder ob die Weste hoch oder tief ausgeschnitten ist!? Ich weiß nicht, mir wird immer angst und bang, wenn ich über die Schönheit solcher Sachen diskutieren höre. Ich werde nervös, wenn ich schadenfroh im Hinblicke auf ein Kleidungsstück gefragt werde: »Ist das vielleicht schön?«

Die Deutschen aus der besten Gesellschaft halten es mit den Engländern. Sie sind zufrieden, wenn sie gut angezogen sind. Auf Schönheit wird verzichtet. Der große Dichter, der große Maler, der große Architekt kleiden sich wie diese. Der Dichter-, Maler- und Architektling aber macht aus seinem Körper einen Altar, auf dem der Schönheit in Form von Samtkrägen, ästhetischen Hosenstoffen und sezessionistischen Krawatten geopfert werden soll.

Gut angezogen sein, was heißt das? Das heißt korrekt angezogen sein.

Korrekt angezogen sein! Mir ist, als hätte ich mit diesen Worten das Geheimnis gelüftet, mit dem unsere Kleidermode bisher umgeben war. Mit Worten wie schön, schick, elegant, fesch und forsch wollte man der Mode beikommen. Darum handelt es sich aber gar nicht. Es handelt sich darum, so angezogen zu sein, daß man am wenigsten auffällt. Ein roter Frack fällt im Ballsaale auf. Folglich ist der rote Frack im Ballsaale unmodern. Ein Zylinder fällt auf dem Eise auf. Folglich ist er auf dem Eise unmodern. Alles Auffallen gilt aber in der guten Gesellschaft für unfein.

Dieser Grundsatz ist aber nicht überall durchführbar. Mit einem Rocke, der im Hydepark unbeachtet bleiben würde, kann man in Peking, in Sansibar und auf dem Stephansplatz sehr wohl auffallen. Er ist eben europäisch. Man kann doch nicht verlangen, daß sich derjenige, der auf der Höhe der Kultur steht, in Peking chinesisch, in Sansibar ostafrikanisch und auf dem Stephansplatz wienerisch anzieht! Der Satz erhält daher eine Einschränkung. Um korrekt gekleidet zu sein, darf man im Mittelpunkte der Kultur nicht auffallen.

Der Mittelpunkt der abendländischen Kultur ist gegenwärtig London. Wie könnte es einem wohl passieren, daß man bei einem Spaziergange in Gegenden gerät, in denen man sehr von seiner Umgebung abstechen würde. Man müßte also von Straße zu Straße seinen Rock wechseln. Das geht nicht an. Nun aber haben wir alle Eventualitäten erschöpft und wir können unseren Lehrsatz vollständig formulieren. Dieser lautet: Ein Kleidungsstück ist modern, wenn man in demselben im Kulturzentrum bei einer bestimmten Gelegenheit in der b e s t e n Gesellschaft möglichst wenig auffällt. Dieser englische Gesichtspunkt, der jedem vornehm Denkenden zusagen dürfte, begegnet aber in den deutschen Mittel- und Niederkreisen lebhaftem Widerspruch. Kein Volk hat so viele Gigerln wie die Deutschen. Ein Gigerl ist ein Mensch, dem die Kleidung nur dazu dient, sich von seiner Umgebung abzuheben. Bald wird die Ethik, bald die Hygiene, bald die Ästhetik herangezogen, um dieses hanswurstartige Gebaren erklären zu helfen. Vom Meister Diefenbach bis zu Professor Jäger, von den »modernen« Dichterlingen bis zum Wiener Hausherrnsohn geht ein gemeinsames Band, das sie alle geistig miteinander verbindet. Und trotzdem vertragen sie sich nicht miteinander. Kein Gigerl gibt zu, eines zu sein. Ein Gigerl macht sich über das

andere lustig, und unter dem Vorwande, das Gigerltum auszurotten, begeht man immer neue Gigerlia-
den. Das moderne Gigerl oder das Gigerl schlechtweg
ist nur eine Spezies aus dieser weit verzweigten
Familie.

Dieses Gigerl haben die Deutschen im Verdacht,
daß es die Herrenmode angibt. Das ist eine Ehre, die
diesen harmlosen Geschöpfen nicht zukommt. Aus
dem Gesagten geht schon hervor, daß sich das Gigerl
nicht einmal modern kleidet. Damit wäre ihm aber
auch nicht gedient. Das Gigerl trägt eben das, was
seine Umgebung für modern h ä l t .

Ja, ist denn das nicht mit modern identisch? Kei-
neswegs. Daher sind auch die Gigerl einer jeden Stadt
verschieden. Was in A imponiert, hat in B schon seinen Reiz verloren. Wer in Berlin noch bewundert
wird, läuft Gefahr, in Wien ausgelacht zu werden.
Die vornehmen Kreise aber, die es zu kleinlich finden,
sich um solche Dinge zu kümmern, werden stets
jenen Änderungen der Mode den Vorzug geben, die
am wenigsten den Mittelklassen zum Bewußtsein
kommen. Durch Kleiderordnungen sind sie nicht
mehr geschützt, und es ist ihnen nicht angenehm,
gleich am nächsten Tag von jedermann kopiert zu
werden. Dann würde man sich allerdings sofort nach
Ersatz umsehen. Um dieser ewigen Jagd nach neuen

Stoffen und Schnitten enthoben zu sein, wird nur zu den diskretesten Mitteln gegriffen. Jahrelang wird die neue Form wie ein offenes Geheimnis der großen Schneider sorgsam gehütet, bis sie endlich durch ein Modejournal ausgeplaudert wird. Dann dauerts noch ein paar Jahre, bis selbst der letzte Mann im Lande davon Kenntnis erhält. Und nun kommen erst die Gigerl an die Reihe, die sich der Sache bemächtigen. Aber durch die lange Wanderschaft hat sich die ursprüngliche Form gar sehr geändert, sie hat sich auch der geographischen Lage untergeordnet.

Man kann die großen Schneider der ganzen Welt an den Fingern abzählen, die jemanden nach den vornehmsten Prinzipien anzuziehen imstande sind. Es gibt manche Millionenstadt der alten Welt, die eine solche Firma nicht aufweisen kann. Selbst in Berlin war keiner zu finden, bis ein Wiener Meister, E. Ebenstein, eine Filiale daselbst errichtete. Vor Ebenstein war der Berliner Hof gezwungen, sich einen guten Teil seiner Garderobe bei Poole in London anfertigen zu lassen. Daß wir überhaupt gleich einige dieser Namen in Wien besitzen, haben wir nur dem glücklichen Umstande zu verdanken, daß unser Hochadel ständiger Gast im *drawing room* der Königin ist, viel in England arbeiten ließ und auf diese Weise jenen vornehmen Ton in der Kleidung nach Wien verpflanzte, die die Wiener Schneiderei auf einen im Auslande beneidenswerten Höhepunkt brachte. Man kann wohl sagen, daß auf dem Kontinent die oberen Zehntausend in Wien am besten gekleidet sind, denn auch die anderen Schneider wurden durch diese großen Firmen auf ein höheres Niveau gehoben.

Die großen Firmen und ihre nächsten Nachkommen haben alle ein gemeinsames Merkmal: Die Furcht vor der Öffentlichkeit. Man beschränkt sich womöglich auf einen kleinen Kundenkreis. Wohl sind sie nicht so exklusiv wie manche Londoner Häuser, die sich einem nur auf eine Empfehlung Albert Edwards, des Prinzen von Wales, öffnen. Aber jeder Prunk nach außen ist ihnen fremd. Es hat der Ausstellungsleitung Mühe gekostet, einige der Besten in Wien zum exponieren ihrer Erzeugnisse zu bewegen. Man muß anerkennen, daß sie sich sehr geschickt aus der Schlinge gezogen haben. Man stellte eben nur solche Objekte aus, die sich einer Nachahmung entziehen. Am geschicktesten war Ebenstein. Er bringt eine *demidress* (hier fälschlich Smoking genannt) für die Tropen (!), eine *hunting vest*, eine preußische Regimentsinhaber-Damenuniform und einen *coaching coat* mit gravierten Perlmutterknöpfen, von denen jeder einzelne ein Kunstwerk ist. A. Keller bringt einen Frack-Coat mit den obligaten grauen Beinkleidern, mit dem man beruhigt nach England reisen könnte, neben vorzüglichen Uniformen. Gut gemacht scheint auch das *norfolkjaquet* zu sein. Uzel & Sohn zeigen die Spezialität ihrer Werkstatt: Hof- und Staatsuniformen. Sie müssen wohl gut sein, sonst könnte die Firma ihren alten Rang auf diesem Gebiete nicht so lange behaupten. Franz Bubacek hat Sportkleider des Kaisers zur Ausstellung gebracht. Der Schnitt des *norfolkjaquets* ist neu und korrekt. Hr. Bubacek beweist durch dessen Ausstellung viel Mut, er fürchtet die Nachahmung nicht. Dasselbe kann man auch von Goldman & Salatsch behaupten, die ihre Spezialität, die Uniformen des Yachtgeschwaders, bringen. Joseph Scalley zeigt eine reiche Kollektion von Uniformen in der bekannten Akkuratesse dieser Firma. Emerich Schönbrunn bildet vielleicht einen Übergang. Manche Stücke beweisen wohl, daß man vornehm zu arbeiten imstande ist, doch zeigt man auch, daß man Konzessionen an andere Kreise zu machen geneigt ist.

Mit dem unbedingten Lobe wäre ich aber hier zu Ende. Die Kollektivausstellung der Genossenschaft der Kleidermacher Wiens verdient es nicht. Bei der Kundenarbeit muß man manchmal beide Augen zudrücken, da der Kunde durch das Betonen seiner eigenen Wünsche oft für manche Geschmacklosigkeit verantwortlich ist. Hier aber hätten die Gewerbsleute zeigen können, daß sie über ihrer Kundschaft stehen, daß sie wohl den Kampf mit den großen Firmen aufnehmen könnten, wenn man sie frei schalten und walten ließe. Die meisten aber haben diese Gelegenheit verabsäumt. Schon in der Wahl des Stoffes zeigen sie ihre Unkenntnis. Aus dem *Covert-coat*-Stoff macht man Paletots, aus Paletotstoffen *covert coats*. Aus *Norfolk*-Stoff macht man Sakkoanzüge, aus glattem Tuch Gehröcke.

Mit dem Schnitt ist es nicht besser bestellt. Wenige sind von dem Standpunkte ausgegangen, vornehm zu arbeiten, die meisten wendeten sich an die Gigerln. Und die können da in zweireihigen Westen, karierten Anzügen und Samtkrägen schwelgen. Eine Firma leistet sich sogar auf einem Jackett blaue Samtärmelaufschläge! Ja, wenn d a s nicht modern wird ... Ich nenne hier einige, die sich von diesem Hexensabbath ein wenig fern gehalten haben. Anton Adam ist gut, schneidet aber seine Westen zu tief aus, Alois Decker kann ebenfalls genannt werden, Alexander Deutsch hat einen guten Winterpaletot, Joseph Hummel einen guten *ulster* und *norfolk*, P. Kroupa schadet leider seinem sonst korrekten Gehrock mit einer Borte. Emanuel Kuhl ist vornehm, ebenso Leopold Kurzweil, Johann Neidl und Wenzel Slaby haben je einen richtigen Gehrockanzug. Joseph Rosiwall zeigt einen guten Frack. Gern hätte ich noch eine Firma genannt, die ihre Erzeugnisse offen zur Ausstellung brachte. Aber als ich an dem *norfolkjaquet* versuchte, die Falte zu lüften, die angebracht ist, um dem Arm durch gefalteten Stoff Bewegungsfreiheit zu gönnen, war es mir unmöglich. Sie war falsch.

Die Herrenhüte

Wie wird die Mode gemacht? Wer macht die Mode? Das sind gewiß sehr schwierige Probleme.

Dem Wiener Hutmodeverein war es vorbehalten, diese Frage wenigstens auf dem Gebiete der Kopfbedeckung spielend zu lösen. Er setzt sich nämlich zweimal des Jahres um den grünen Tisch und diktiert nun dem ganzen Erdball jene Hutform, die in der folgenden Saison getragen werden soll. Für den ganzen Erdball, daran muß festgehalten werden. Es soll ja keine Wiener Nationaltracht geschaffen werden, eine, deren sich unsere Wasserer, Fiaker, Strizzis, Gigerl und andere Wiener Lokaltypen bedienen. O nein, für die strengen sich die Mitglieder des Hutmodevereins nicht die Köpfe an. Für den Gentleman allein wird die Hutmode bestimmt, und da die Kleidung eines solchen mit den verschiedenen Volkstrachten, außer bei der Ausübung eines Sports, der an die Scholle gebunden ist, bekanntlich nichts gemein hat, da sich der Gentleman auf der ganzen Welt gleich trägt, so gibt also der Wiener Hutmodeverein den Ton für alle Kopfbedeckungen abendländischer Kultur an.

Wer hätte sich die Lösung dieser Frage so einfach gedacht! Mit Ehrfurcht betrachte ich nun den ehrsamen Hutmachermeister, der sich mit seiner Stimme für die nochmalige Erhöhung des Seidenhutes eingesetzt und auf diese Weise mit der Majorität von einer Stimme diese Maßregel durchgeführt hat. Er allein hat alle Pflastertreter von Paris bis Yokohama gezwungen, sich nächstes Jahr einen noch höheren Seidenhut aufzusetzen, wenn sie überhaupt zur guten Gesellschaft gerechnet werden wollen. Aber was wissen die Pflastertreter von Paris bis Yokohama! Was wissen die von dem braven Meister im XI. Bezirk! Die faseln vielleicht von der Tyrannei der Mode, im günstigsten Falle von der Mode, der launischen Göttin! Wenn die es ahnen würden! Der brave Meister im XI. Bezirk ist der Tyrann, der Gott!

Nicht auszudenken wären die Folgen, wenn dieser Mann am Erscheinen bei der Hutmodewahl verhindert worden wäre: Sei es durch einen Schnupfen, sei es, weil die gestrenge Ehehälfte ihm den Abend nicht freigegeben, sei es, daß er es ganz vergessen hätte. Dann müßte die ganze Welt einen niedrigeren Zylinder tragen. Aber es steht zu hoffen, daß die Mitglieder des Hutmodevereines angesichts ihrer kolossalen Verantwortung der Welt gegenüber sich durch nichts abhalten lassen werden, ihr Votum zweimal des Jahres abzugeben.

Ich glaube von meinen Lesern die Frage zu vernehmen: Ja, lassen sich denn die Pariser, Londoner,

New Yorker und Bombayer Hutmacher die Hutmode von den Wiener Meistern bestimmen? Kleinlaut muß ich antworten: Leider nicht. Diese schlechten Menschen, das perfide Albion natürlich an der Spitze, kümmern sich nicht einmal um diese Wahlergebnisse. Ja, dann sind eigentlich diese Wahlen vollständig ohne Zweck? Eigentlich – ja. Diese Wahlen sind eine harmlose Spielerei, genau so harmlos, als wenn es die Bukarester oder Chicagoer Hutmacher tun würden. Die Hutform des vornehmen Mannes, der mit seinem Hute überall auf der ganzen Welt für vornehm gehalten werden will, wird dadurch nicht tangiert.

Doch halt, gar so harmlos ist diese Spielerei doch nicht. Es gibt nämlich mehr vornehme Leute, als es unsere Hutmacher gemeiniglich annehmen. Und da diese keine Hüte tragen wollen, deren Vornehmheit mit dem Aufhören der schwarz-gelben Grenzpfähle zu Ende ist, unsere Hutmacher aber auf Beschluß des Hutmachervereines solche erzeugen, so sind sie gezwungen, sich englische Hüte anzuschaffen. Und wir sehen, wie der Verbrauch der englischen Hüte in Österreich, trotzdem sie bei gleicher Qualität um 100 Perzent teurer sind, in demselben Maße von Jahr zu Jahr zunimmt, als sich die Type des Hutmodevereines von der in der guten Gesellschaft Herrschenden entfernt. Das stimmt um so trauriger, wenn man bedenkt, daß wir dank unseres ausgezeichneten Filzes und der billigen Preise die Konkurrenz mit der ganzen Welt aufnehmen könnten. Die Einführung des Wiener Hutes im Auslande scheitert stets an der unkorrekten Form und Ausführung.

Unsere ersten Firmen haben bei ihrer Kundschaft, also in den vornehmen Kreisen, mit den Typen des Hutmodevereines die schlechtesten Erfahrungen gemacht und haben die Gefolgschaft bei diesem Verein bald aufgegeben. Bei Pleß oder Habig wird man diese Formen auch vergeblich suchen. Auch im Export machte sich die Emanzipation bald bemerkbar. Habig-Hüte trifft man nun auf dem ganzen Erdball, in New York sowohl als in Rio de Janeiro. Ich sehe aber nicht ein, warum der Hofhutmacher, der dank seiner ausländischen Verbindungen und dank seines vornehmen Kundenkreises sich die korrekte Type verschaffen kann, andere Hüte führen soll als der Meister in der Provinz.

Der Hutmodeverein brauchte nur, statt einen Hut als modern auszugeben, welcher der Phantasie eines seiner Mitglieder entsprungen ist, jene Form zu publizieren, die in der ganzen Welt, und zwar in den vornehmsten Kreisen als modern gilt. Das hätte zur Folge, daß der Export sich heben und der Import zurückgehen würde. Schließlich wäre es auch kein Unglück, wenn jedermann bis in die kleinste Provinzstadt einen genau so vornehmen Hut tragen würde wie der Wiener Aristokrat. Die Zeit der Kleiderordnungen ist ja vorüber. So aber bedeuten manche Beschlüsse dieses Vereines eine direkte Schädigung unserer Hutindustrie. Der Zylinder wird gegenwärtig etwas niedriger als in der letzten Saison getragen. Der Verein aber beschloß für den Zylinder des kommenden Winters eine abermalige Erhöhung. Und die Folge davon? Die englischen Hutmacher bereiten sich schon jetzt auf einen außergewöhnlichen Massenexport von Seidenhüten für den österreichischen Markt vor, da der moderne Zylinder im nächsten Winter nicht bei jedem Wiener Hutmacher zu haben sein wird.

Auch nach anderer Richtung könnte sich die Tätigkeit des Vereines segensreich gestalten. Unser österreichischer Nationalhut, der Lodenhut, beginnt die Reise um den Erdkreis anzutreten. In England ist er schon. Der Prinz von Wales hat ihn bei seinen Jagdausflügen in Österreich kennen und schätzen gelernt und ihn in seine Heimat mitgenommen. Hier hat er sich nun die englische Gesellschaft, Herren sowohl als Damen, erobert. Fürwahr ein heikler Zeitpunkt, zumal für die Lodenhutindustrie. Es fragt sich nämlich, wer der englischen Gesellschaft die Lodenhüte machen soll. Gewiß die Österreicher und zwar so lange, als die Österreicher jene Formen erzeugen, welche die englische Gesellschaft will. Dazu gehört aber eine unendliche Feinfühligkeit, eine genaue Kenntnis der Gesellschaft, Sensibilität für Vornehmheit und eine feine Witterung für das Kommende. Durch den brutalen Majoritätsbeschluß am grünen Tische kann man diesen Kreisen keine Formen aufoktroyieren. Das weiß wohl der große Fabrikant, ich glaube aber, daß auch der kleine Meister an dem günstigen Zeitpunkte, der für sein Erzeugnis eingetreten ist, partizipieren soll. Für ihn sollte daher der Hutmodeverein, wenn er sich dieser schwierigen Frage gewachsen fühlt, die Sache in die Hand nehmen. Vielleicht weiß das aber auch der große Fabrikant nicht. Dann werden die Engländer die lachenden Erben sein, welchen der große Schatz zufallen wird, den der kleine Hutmacher im Alpenland durch ein Jahrtausend sorgfältig gehütet hat.

Die Engländer sind nämlich ganz andere Geschäftsleute als die Österreicher. Für jeden Markt werden andere Hüte gearbeitet. Wir dürfen uns keiner Täuschung hingeben; auch der englische Hut, den wir auf dem Wiener Platz erhalten, ist ein Kompromiß zwischen dem modernen Hut und dem Hut des Hutmodevereines. Auch für die wilden Völker werden jene Gegenstände erzeugt, die eben dort den meisten Anklang finden. Die Engländer behandeln uns wie die Wilden. Und sie tun recht daran. Auf diese Weise verkaufen sie sehr viele Hüte an uns, während sie mit dem Hut, der in der besten Gesellschaft getragen wird, also mit dem modernen Hute, recht schlechte Geschäfte machen würden. Sie verkaufen dem Wiener nicht jenen Hut, der modern ist, sondern jenen, der dem Wiener modern gilt. Und das ist wohl ein großer Unterschied.

Den korrekten verkaufen sie nur in London. Als meine Londoner Hüte zu Ende gingen, ging ich hier auf die Suche nach dem *correct shape*. Da fand ich denn, daß die hier verkauften englischen Hüte mit jenen in London nicht übereinstimmen. Ich gab einem Hutmacher den Auftrag, mir aus England jenen Hut zu verschaffen, dessen Fasson auch von den Mitgliedern der königlichen Familie getragen würde. Die Garantie des Londoner Hauses machte ich zur Bedingung. Kostenpunkt Nebensache. Da kam ich aber schön an. Nach monatelangen Ausflüchten, nachdem schon eine erkleckliche Summe vertelegrafiert wurde, brach die englische Firma die Unterhandlungen für immer ab. Dem Hutmodeverein aber wäre es ein Leichtes, sich diese Formen zu verschaffen. Auf Schnelligkeit käme es da gar nicht an. Wir könnten sehr zufrieden sein, gegenwärtig jenen Hut zu bekommen, den die englische Gesellschaft vor drei Jahren getragen hat. Das wäre für uns noch ein so hypermoderner Hut, daß er in Wien noch niemandem auffallen würde. Und das kann man von einem modernen Hut verlangen. Die Mode schreitet langsam, langsamer als man gewöhnlich annimmt. Gegenstände, die wirklich modern sind, bleiben es auch lange. Hört man aber von einem Kleidungsstück, das schon in der nächsten Saison unmodern wurde, das heißt mit anderen Worten unangenehm auffiel, dann kann man auch behaupten, daß es nie modern war, sondern sich fälschlich als modern ausgab.

Betrachtet man die Ausstellung unserer Hutmacher in der Rotunde, so tut einem das Herz weh, wenn man bedenkt, daß eine so tüchtige Industrie nicht mehr am Export beteiligt ist. Geschmacklosigkeiten trifft man gar nicht – das Bildnis unseres Kaisers im Hutfutter ausgenommen – und selbst die kleinsten Meister sind imstande, Hüte von so vorzüglicher Qualität herzustellen wie die ersten Häuser. Wie hoch muß diese Industrie stehen, wenn man bedenkt, daß man dies von anderen Bekleidungsbranchen leider nicht behaupten kann. Ein jeder wollte nur durch seine innere Tüchtigkeit wirken, und die bekannten Ausstellungsmätzchen, durch abenteuerliche Formen die Aufmerksamkeit der Beschauer auf sich zu lenken, wurden durchwegs verschmäht. Dadurch ist dieser ganze Teil der Ausstellung auf einen feinen, vornehmen Ton gestimmt. Die Hutmacher-Genossenschaft vereinigt in einer Vitrine zwölf Aussteller – große und kleine Meister, alle der Qualität nach vorzüglich. Unsere Firmen – Habig, Berger, Ita und Skrivan – zeichnen sich auch durch die Reichhaltigkeit ihrer Expositionen aus. Über die Korrektheit der Form ein Urteil abzugeben, kann ich mir leider nicht mehr erlauben – ich bin schon seit zwei Jahren in Wien. Was aber die elegante Ausstattung anbelangt, möchte ich den Hüten von Ita den Preis zuerteilen.

Unserem Hutmodeverein aber wäre zu wünschen, daß er den Anschluß an die übrigen Kulturvölker suchte und fände. Die Schaffung einer österreichischen Nationalmode ist ein Phantom und aus dem starren Festhalten an ihm würde unserer Industrie unberechenbarer Schaden erwachsen. China beginnt seine Mauer niederzureißen, und es tut gut daran. Dulden wir es nicht, daß Leute aus falschem Lokalpatriotismus um uns eine chinesische Mauer errichten.

Die Fußbekleidung

»Tempora mutantur, nos et mutamur in illis!« Die Zeiten ändern sich und wir ändern uns in ihnen. Und so tun es auch unsere Füße. Bald werden sie klein, bald groß, bald spitz, bald breit. Und der Schuster macht nun bald große, bald kleine, bald spitze, bald breite Schuhe.

Das geht allerdings nicht so einfach. Von Saison zu Saison wechseln unsere Fußformen nicht. Dazu braucht es Jahrhunderte oder zum Mindesten eines Menschenalters. Denn im Handumdrehen kann man aus einem großen Fuß keinen kleinen machen. Da haben es die anderen Bekleidungskünstler doch besser. Starke Taille, schwache Taille – hohe Schultern, tiefe Schultern und so vieles andere kann man durch einen neuen Schnitt, durch Watte und andere Hilfsmittel bald abändern. Aber der Schuster muß sich streng an die jeweilige Fußform halten. Will er kleine Schuhe einführen, so muß er geduldig warten, bis das großfüßige Geschlecht abgestorben ist.

Aber nicht alle Menschen haben zur selben Zeit die gleiche Form der Füße. Leute, die ihre Füße mehr gebrauchen, werden größere, Leute, die sie selten gebrauchen, werden kleinere Füße bekommen. Wie soll sich da der Schuster helfen? Wessen Fußform soll für ihn maßgebend sein? Denn auch er wird bestrebt sein müssen, moderne Schuhe zu arbeiten. Auch er will vorwärts kommen, auch er ist von dem Bestreben erfüllt, seinen Erzeugnissen eine möglichst große Kaufkraft zu verleihen.

Er macht es daher, wie es alle übrigen Gewerbe tun. Er hält sich an die Fußform derjenigen, die zeitweilig die soziale Herrschaft inne haben. Im Mittelalter herrschten die Ritter, die Reiter, Leute, die durch das häufige Sitzen auf dem Pferde kleinere Füße als das Fußvolk besaßen. Daher war der kleine Fuß modern, und durch eine Verlängerung (Schnabelschuhe) wurde der Eindruck der Schmalheit, auf den es vorzugsweise ankam, noch verstärkt. Als aber das Rittertum in Verfall geriet, als der zu Fuß gehende Bürger in den Städten zum höchsten Ansehen gelangte, da kam der große, breite Fuß des langsam einherschreitenden Patriziers in die Mode. Im XVII. und XVIII. Jahrhundert hat das stark ausgeprägte höfische Leben das Zufußgehen wieder in Verfall gebracht, und durch den starken Gebrauch der Sänfte kam der kleine Fuß (der kleine Schuh) mit hohem Absatz (Hacken) zur Herrschaft, der wohl für Park und Schloß, nicht aber für die Straße taugte.

Das Wiederaufleben der germanischen Kultur brachte wieder das Reiten zu Ehren. Alles, was im vorigen Jahrhundert modern fühlte und dachte, trug den englischen Reitschuh, den Stiefel, auch wenn man kein Pferd besaß. Der Reitstiefel war das Symbol des freien Menschen, der nun endlich die Schnallenschuhwirtschaft, die Hofluft, das gleißende Parkett überwunden hatte. Wohl blieb der Fuß klein, doch der hohe Hacken, den der Reiter nicht brauchen kann, blieb weg. Das ganze darauffolgende Jahrhundert, also das unserige, war daher von dem Bestreben erfüllt, einen möglichst kleinen Fuß zu besitzen.

Aber schon im Laufe dieses Jahrhunderts begann der menschliche Fuß eine Wandlung durchzumachen. Unsere sozialen Verhältnisse haben es mit sich gebracht, daß wir auch von Jahr zu Jahr schneller gehen. Zeit ersparen, heißt Geld ersparen. Auch die vornehmsten Kreise, also Leute, die genügend Zeit hatten, wurden mitgerissen und beschleunigten ihr Tempo. Ist doch heutzutage einem rüstigen Fußgänger eine Gangart selbstverständlich, die im vorigen Jahrhundert die Läufer vor den Wagen gebrauchten. So langsam zu schreiten, als sich die Leute in früheren Zeiten fortbewegten, wäre uns heute unmöglich. Dazu sind wir zu nervös. Noch im XVIII. Jahrhundert marschierten die Soldaten in einem Tempo, das uns wie ein abwechselndes Stehen auf einem Fuß erscheinen und uns sehr ermüden würde. Die Zunahme der Gehschnelligkeit wird wohl am besten von der Tatsache illustriert, daß das Heer Friedrichs des Großen in der Minute 70 Schritte machte, ein modernes Heer aber 120 Schritte macht. (Unser Exerzierreglement schreibt 115 bis 117 Schritte in der Minute vor. Dieses Tempo kann aber gegenwärtig nur mit Mühe eingehalten werden, da die Soldaten von selbst zu größerer Schnelligkeit drängen. Diesem Zuge der Zeit wird auch eine Neuauflage des Reglements – sicherlich nicht zum Schaden der Schlagfertigkeit der Armee – Rechnung tragen müssen.) Man kann demnach ausrechnen, wieviel Schritte unsere Soldaten und somit alle Menschen, die schnell vorwärts kommen wollen, in hundert Jahren in der Minute marschieren werden.

Völker mit höher entwickelter Kultur gehen rascher als solche, die noch zurückgeblieben sind, die Amerikaner schneller als die Italiener. Kommt man nach New York, so hat man immer das Gefühl, als ob es irgendwo ein Unglück gegeben hätte. Auch der Wiener aus dem vorigen Jahrhundert würde heute in der Kärntnerstraße den Eindruck erhalten, daß etwas passiert sei.

Also wir gehen schneller. Das heißt mit anderen Worten, daß wir uns mit der großen Zehe immer stärker vom Erdboden abstoßen. Und tatsächlich wird unsere große Zehe immer kräftiger und stärker. Das langsame Dahinwandeln hat eine Verbreiterung des Fußes zur Folge, während das rasche Gehen durch die stärkere Entwicklung der Hauptzehe zu einer Verlängerung des Fußes führt. Und da die übrigen Zehen, insbesondere die kleine, mit dieser Entwicklung nicht gleichen Schritt halten, da diese durch den geringen Gebrauch geradezu verkümmern, so hat dies auch eine Verschmälerung des Fußes zur Folge.

Der Fußgänger hat den Reiter abgelöst. Der Fußgänger ist nur eine Verstärkung des germanischen Kulturprinzips. Durch eigene Kraft vorwärts kommen heißt die Parole für das nächste Jahrhundert. Das Pferd war der Übergang vom Sänftenträger zum eigenen Ich. Unser Jahrhundert aber erzählt die Geschichte von Reiters Glück und Ende. Es war das richtige Pferdejahrhundert. Der Stallgeruch war unser vornehmstes Parfüm, die Pferderennen unsere volkstümlichsten Nationalspiele. Der Reiter war der verzogene Liebling des Volksliedes. Reiters Tod, Reiters Liebchen, Reiters Abschied. Der Fußgänger war null. Die ganze Welt ging wie ein Reiter angezogen. Und wollten wir uns schon ganz schön anziehen, so nahmen wir den Reitrock, den Frack. Jeder Student hatte seinen Gaul, die Straßen waren von Reitern belebt.

Wie ist das anders geworden! Der Reiter ist der

Mann der Ebene, des flachen Landes. Es war der freie englische Landedelmann, der Pferde züchtete und von Zeit zu Zeit beim *meet* erschien, um hinter dem Fuchs über die Fenzen zu springen. Und nun wurde er von dem Manne abgelöst, der in den Bergen haust, dessen Freude darin besteht, Höhen zu ersteigen, sein Leben dafür einzusetzen, durch eigene Kraft sich über die menschlichen Heimstätten zu erheben, dem Hochländer, dem Schotten.

Der Reiter trägt Stiefel, lange Hosen, die über die Knie reichen und dort einen recht engen Schluß haben sollen *(riding breeches)*. Die kann der Fußgänger, der Hochgebirgler nicht brauchen. Er trägt – ob er nun in Schottland oder in den Alpen lebt – Schnürschuhe, Strümpfe, die nicht über das Knie reichen dürfen, und ganz freie Knie. Der Schotte trägt dann den bekannten Rock, der Älpler die Lederhose – im Prinzipe ist es dasselbe. Auch die Stoffe sind verschieden. Der Mann der Ebene trägt glatte Tuche, der Mann des Gebirges rauhe Gewebe. (*Home spuns* und Loden.)

Das Besteigen der Berge wurde dem Menschen zum Bedürfnisse. Dieselben Menschen, die noch vor 100 Jahren einen so gewaltigen Horror vor dem Hochgebirge hatten, fliehen aus der Ebene in die Berge. Bergsteigen, durch eigene Kraft den eigenen Leib immer höher hinaufzuschieben, gilt uns gegenwärtig als die edelste Leidenschaft.

Sollten von jener edlen Leidenschaft – man erinnere sich, daß auch im vorigen Jahrhundert das Reiten als noble Passion bezeichnet wurde –, sollten also von jener edlen Leidenschaft alle jene ausgeschlossen werden, die nicht im Hochlande leben? Man suchte nach einem Mittel, es auch diesen zu ermöglichen, man suchte nach einer Vorrichtung, jene Bewegung auch in der Ebene auszuführen: Das Bicycle wurde erfunden.

Der Bicyclist ist der Bergsteiger der Ebene. Er kleidet sich daher wie dieser. Hohe Stiefel und lange Hosen kann er nicht brauchen. Er trägt Hosen, die um die Knie weit sind, unter ihnen als Stulpen schließen, damit sich die umgelegten Strümpfe um dieselben herumlegen können (umgelegt werden sie sowohl in den Alpen als in Schottland, um nicht hinabzurutschen). Auf diese Weise hat das Knie unter der Hose genügend Spielraum, um ohne Hindernis aus der gestreckten Beinstellung in die Kniebeuge überzugehen. Nebenbei sei hier erwähnt, daß es in Wien Leute gibt, welche die Bedeutung der Stulpen gar nicht kennen und die Strümpfe unter die Stulpen stecken. Sie machen einen ähnlich komischen Eindruck wie die unterschiedlichen Stritzows, die im

Sommer die Alpen unsicher machen. Als Fußbekleidung trägt der Radfahrer aber wie der Hochgebirgler
Schnürschuhe.

Die Schnürschuhe werden das nächste Jahrhundert
beherrschen wie die Reitstiefel dieses Jahrhundert.
Die Engländer haben den Übergang direkt gefunden
und tragen noch heute beide Formen. Wir aber haben
uns für die Übergangszeit einen scheußlichen Zwitter
zurechtgelegt, die Stieflette. Die ganze unangenehme
Erscheinung der Stiefletten wurde uns sofort offenbar, als die kurze Hose kam. Da sah man sofort:
Ohne die wohltätige Verdeckung durch die Hose kann
man Stiefletten nicht tragen. Unsere Offiziere trugen
Strupfen, um sie zu verdecken, und waren mit Recht
unglücklich, wenn die Uniformierungsvorschrift
strenger gehandhabt wurde, welche die Strupfen bei
den Fußtruppen verbietet. Für uns aber sind die Stiefletten tot, so tot wie der Frack bei Tageslicht, dessen
komischen Eindruck wir erst erhalten, wenn wir ihn
auf der Straße spazieren führen. Bei der größten
Hitze müssen wir einen Überzieher darüber ziehen
oder uns in den Wagen setzen. Und komisch wirken:
– daran ist bisher jedes Kleidungsstück zugrunde
gegangen.

Durch den pedestrischen Sport ist der Fuß unserer
vornehmen Kreise nicht mehr so klein wie ehemals.

Er wird zunehmend größer. Die großen Füße der Engländer und Engländerinnen fordern nicht mehr unsere Spottsucht heraus wie ehemals. Auch wir steigen auf die Berge, haben Bicycle und haben – *horribile dictu* – englische Füße bekommen. Doch trösten wir uns. Die Schönheit des kleinen Fußes, insbesondere beim Manne, beginnt langsam zu verblassen. Aus Amerika kam mir neulich eine Beschreibung Rigos zu. Einer seiner Bekannten tut das in folgender Weise: »Ich habe den Zigeuner gekannt.« Nun folgt eine Beschreibung, in der es dann heißt: »Unter den Hosen guckten ein Paar ekelhaft kleine Füße hervor.« Ekelhaft kleine Füße! Das wirkt überzeugend. Aus Amerika kommt die neue Lehre: Ekelhaft kleine Füße! Heiliger Clauren, wenn du das noch erlebt hättest! Du, dessen Helden nie genug kleine Füßchen erhalten konnten, um in edler Männlichkeit in den Träumen hunderttausend deutscher Jungfrauen zu erscheinen. *Tempora mutantur ...*

Auch die Knöpfelschuhe seien hier erwähnt, die man nur als Lackschuhe gelten lassen kann. Es sind Schuhe zum Nichtstun. Dort, wo glatte Lackschuhe, bei Galauniformen, getragen werden müssen, trägt man in England und in den hiesigen aristokratischen Regimentern Lackstiefel mit (unter der Hose) Wichs-

lederschäften. Als Tanzschuhe haben aber nur Tanz-
lackschuhe Berechtigung *(pumps)*.

Über die Wiener Schuhmacher und die Wiener
Fußgänger das Nächstemal.

Die Schuhmacher

Als an dieser Stelle eine Entgegnung auf den Artikel, der die Tätigkeit des Hutmodevereins besprach, veröffentlicht wurde, konnte man sich die Tragweite dieser Maßnahme doch nicht recht vorstellen. Die Folgen sind nun da. Die Interessenten sind von einer Dementierwut befallen. Jedermann, der anderer Meinung ist, findet es jetzt selbstverständlich, daß seine Ansichten auch zum Abdrucke gelangen. Es wird in aller Form dementiert. So »erlaubt sich ein Hr. S. – seit zwanzig Jahren in der Schuhmacherbranche tätig! – wie er hinter seiner Unterschrift samt dem Ausrufungszeichen versichert – um Aufnahme der nachstehenden berichtigenden Zeilen zu ersuchen.« Und nun folgt eine Reihe mit »unrichtig ist, daß ...« beginnenden Abschnitten.

Vielleicht sind die Leser neugierig, was wohl Hr. S. berichtigt. Greifen wir einige Punkte auf gut Glück heraus. Unrichtig ist, so versichert Hr. S. wörtlich, der Vergleich des Bergsteigens mit dem Radfahren. Oder: Unrichtig ist, daß die Schnürschuhe das ganze nächste Jahrhundert beherrschen werden. Ein anderer Herr, Hr. Sch., bittet ebenfalls um Aufnahme seiner Zeilen, hoffend, dadurch einiges zur Hebung unserer ohnehin gedrückten österreichischen Schuhindustrie beitragen zu können. Dabei ist ihm aber ein Malheur passiert. Die enthusiastischen Zeilen, die ich dem Hutmodeverein widmete, hat er für bare Münze gehalten, denn er polemisiert gegen meine Behauptung, daß das Bergsteigen, Marschieren und Radfahren die Schnürschuhe in Aufnahme gebracht haben, und meint dann wörtlich: »Forschen wir also nach anderen Gründen. Ich denke hier an das lichte Schuhwerk, welches dem Schnürschuh eine solche Verbreitung gab; die Schuster forcierten den Schnürschuh und brachten hübsche Formen heraus. Also da liegt der Hund begraben. Der Schuster macht die Mode. Hr. Loos erzählte uns neulich so hübsch die Geschichte vom Hutmodeverein, wie der Mode macht. Hier findet man dasselbe.«

Nun, alles kann wohl nicht Aufnahme finden, was um Aufnahme bittet. Der unfreiwillige Komiker ist immer amüsant – aber dieses Blatt ist kein Witzblatt. Jene Zuschrift, welche die Tätigkeit des Hutmodevereines verteidigte, bot eine interessante Ergänzung zu meinen Angriffen und hat zur Klärung der Situation vieles beigetragen. Stärker noch als meine Argumente, vernichtender als meine Vorwürfe haben sie jenem Wahlmodus wohl für immer ein Ende bereitet. Stärker und vernichtender, weil sie aus dem eigenen Lager kamen. Mit recht fragte das Publikum, wie es wohl mit dem guten Geschmacke jenes Lagers bestellt ist, das uns die Hutformen angibt. Daß es Menschen gibt, welche die Formen des Hutmodevereines für vornehm genug halten, wurde niemals in Abrede gestellt. Doch wie sehen sie aus, wie ist ihr Geschmack? Die Zuschrift des Hrn. Keßler drückte das präzis aus. Er hält es mit seinem Geschmacke vereinbar, wenn man das Porträt seiner Majestät in das Hutfutter hineindruckt. Er beruft sich dabei auf die Bukowina, wo mit den Bildnissen der Nationalmänner ähnlich verfahren wird. Das Publikum ist also jetzt im Klaren. Hie England, hie Bukowina! Die Zuschriften der Herren aus der Schuhbranche tragen aber zur Klärung gar nicht bei. Im Allgemeinen laufen alle darauf hinaus, daß durch die Aufnahme des Schnürschuhs die österreichische Schuhmacherei geschädigt wird, da er die Stieflette, die merkwürdigerweise für den österreichischen Nationalschuh gehalten wird, verdrängt. Diese Anklage ist natürlich unhaltbar. Denn Schuhe und Stiefel werden verbraucht, ob sie nun nach diesem oder jenem System gemacht sind. Dem Schuhmacher ist das gleichgültig. Nicht so dem Gummizugfabrikanten, der eben jetzt auf die Herstellung anderer Erzeugnisse bedacht sein muß. Gegen den Zug der Zeit kann kein Mensch arbeiten, und Millionen Zentner Druckerschwärze können die Stieflette nicht mehr zu neuem Leben erwecken.

Das lehrt uns wohl die Ausstellung selbst. In der Vitrine der Schuhmacher-Genossenschaft, die 192 Schuhe zur Ausstellung bringt, zählen wir nur drei Damen-, drei Herren- und drei Uniformstiefletten. Die Statistik ist eine unbarmherzige Sprache. Und in zehn Jahren? Da werden wir wohl auch die letzten neun vergeblich suchen.

Nach den englischen Schustern machen wohl unsere Schuhmacher die besten Schuhe der Welt. Man wird wohl in den verschiedenen europäischen Hauptstädten hervorragende Schuster aufzählen können, aber der gleichmäßige, tüchtige Durchschnitt erhebt die Österreicher in Bezug auf die Fußbekleidung über jedes andere Volk. Dies ist um so mehr zu verwundern, als unsere Schuster für ihre Leistungen schlecht gezahlt werden. Das Publikum drückt die Preise immer mehr und mehr, und das Manko wird, wenn der Gewerbsmann nicht zugrunde gehen will, in den Schuhen selbst ausgeglichen. O glaubt ja nicht, daß es dem Schuster Freude macht, schlecht zu arbeiten. Aber ihr zwingt ihn dazu. Er träumt von dem besten Leder, der besten Arbeit. Wie gern möchte er einen Tag länger bei den Schuhen verweilen. Wie ungern zwingt er seine Gehilfen, schneller zu arbeiten, wohl wissend, daß dadurch manche Schlamperei ungerügt bleiben muß. Aber das Leben ist unerbittlich. Es macht ihm diese Freude nicht. Er muß, muß und muß die Schuhe um diesen Preis fertigstellen und daher entschließt er sich schweren Herzens, den guten, aber langsamen Gehilfen zu entlassen und bei dem Rohmaterial zu sparen. Schon beim Zwirn muß angefangen werden. Ihr aber, denen es ein besonderes Vergnügen macht, euren Schuster wieder um einen Gulden gedrückt zu haben, ihr, die ihr doch diesen Gulden mit Leichtigkeit für einen besseren Fauteuil im Theater ausgebt, sobald eure Sitze vergriffen sind, ihr seid die ärgsten Feinde unseres Gewerbestandes. Das Handeln und Feilschen und Drücken wirkt demoralisierend auf Produzent und Konsument.

Und trotzdem so gute Schuhe. Unsere Schuhmacher sind eben tüchtige Menschen. Es steckt viel Geist und Individualität in ihnen. Es ist kein Zufall, daß der größte Dichter und der größte Philosoph, den uns das Handwerk geschenkt hat, Schuster sind. Und wie viele Hans Sachse und Jakob Böhmes saßen und sitzen noch auf dem Schusterschemel, die ähnlich gefühlt und gedacht, aber nie geschrieben haben. Vielleicht hat das deutsche Volk deswegen so gute Schuster, weil jedem tüchtigen, individuellen, daher nach der Meinung der Eltern schlechten Buben warnend zugerufen wird: Wenn du nicht folgst, kommst du zu einem Schuster in die Lehr'. Und manchmal wird's wirklich gemacht.

Weniger lobenswert sind unsere Schuh t r ä g e r. Im letzten Aufsatze wurde erwähnt, daß sich der Schuster an die Fußform der herrschenden Gesellschaftsklasse halten muß. Für die passen dann die Schuhe. Aber Leute, die solche Füße nicht haben, verlangen von ihrem Schuster dieselbe Form. Die Folgen sind die zahlreichen verkrüppelten Füße, die man nur bei jenen Leuten treffen kann, die der herrschenden Gesellschaftsklasse n i c h t angehören. Für diese Eitelkeit wird aber der Schuhmacher allein verantwortlich gemacht. Der billige Preis gestattet nicht, einen eigenen Leisten für den Kunden anzufertigen, und daher wird, wenn auch schon ein alter Leisten durch das Auflegen angepaßt werden könnte, die genaue Richtung des Schuhes, von der das gleichmäßige Austreten abhängig ist, nicht erreicht werden. Diese genaue Richtung der Fußsohle, wohl eines der schwierigsten Probleme der Schuhmacherei, bestimmt sich nicht nur aus dem Grundrisse des Fußes, sondern Größtenteils aus dem Gange und den Gewohnheiten des Trägers.

Schuhmacher, die teure Schuhe liefern, haben leider einen kleineren Verdienst als solche, die schon darauf ausgehen, minderwertige Ware herzustellen. Nehmen wir zum Beispiele den Achtzehn-Gulden-Schuster und den Sechs-Gulden-Schuster. Jener läßt einen Leisten schneiden, der, mit seiner eigenen Arbeit gerechnet, sechs Gulden kostet, läßt die Oberteile von einem Gehilfen anfertigen, dem er, seiner vorzüglichen Arbeit wegen, drei Gulden Taglohn bezahlt, und verbraucht für die Oberteile drei Gulden an Material. Der Sechs-Gulden-Schuster nimmt einen alten Leisten und bezieht die Oberteile um zirka zwei Gulden fertig aus der Fabrik. Auf diese Weise hat jener bisher 66 Perzent, dieser 33 Perzent des ganzen Preises für die Schuhe aufgewendet. Aber auch für die Konservierung des Schuhwerkes wird zu wenig getan. Man sucht die Kosten guter Hölzer zu sparen und verbraucht daher mehr Schuhwerk als jene Leute, die ihre Schuhe während der Nacht über Hölzer spannen.

Die Ausstellung zeigt uns, seitdem die »unsittlichen« Schuhe verbannt sind, tüchtiges Schuhwerk. Daß es erst der Unsittlichkeitserklärung bedurft hatte, Schuhe zu entfernen, die keinen anderen Zweck haben, als die Blicke der Beschauer auf sich zu lenken, ist bedauerlich. Viel würdiger für den ganzen Stand wäre es gewesen, wenn man die Schuhe ihrer Unbrauchbarkeit wegen gleich von allem Anfange an zurückgewiesen hätte. Der findige Reklameschuster wird uns doch nicht allen Ernstes glauben machen wollen, daß diese Stiefel zum Erlernen des Fußspitzentanzes dienen könnten. Das ist eine Zumutung, die auch Leute, die vom Tanzen nichts verstehen, beleidigend finden müssen. Wir aber wollen sehen, was unsere Schuhmacher leisten können, ehrliche, tüchtige Schusterarbeit, nicht wie sie Reklame machen können. Eine Ausstellung sei ein Fest der Arbeit und nicht der Reklame. Doch halt. Dasselbe Schicksal verdienen auch drei Paar Schuhe, die wie Straßenschuhe gearbeitet sind, grüne Peluchesohlen haben und von denen ein Paar sogar mit Golddruck, nach der Art alter Bucheinbände, versehen ist.

Wir können beruhigt sein. Wir in Österreich werden mit gutem Schuhwerk in das kommende Jahrhundert treten. Und gutes Schuhwerk wird im nächsten Jahrhundert nötig sein, denn das wird marschieren. Mit prophetischem Blick hat Walt Whitman, der Amerikaner, der größte Dichter, den die Germanen seit Goethe hervorgebracht haben, dieses Jahrhundert gesehen. Er singt:

Stehen sie still, die alten Rassen?
Fallen sie? Ist aus die Lehre? Sind sie müd' jenseits der See? Nun der große Ruf wird unser, und die Last, und auch die Lehre,

Pioniere! Pioniere!
Wenig kümmert uns Vergang'nes. Uns're Welt ist neuer, größer, wechselvoller uns're Welt. Frisch und stark ergreifen wir sie, Welt der Arbeit und des Marsches,

Pioniere! Pioniere!

Nein, wir stehen nicht still, alter Walt Whitman. Noch fließt in uns das alte, marschbereite Germanenblut. Auch wir werden das Unsrige dazu beitragen, die stehende und sitzende Welt umzuwandeln in eine Welt der Arbeit und des Marsches.

Damenmode

Damenmode! Du gräßliches Kapitel Kulturgeschichte! Du erzählst der Menschheit geheime Lüste. Wenn man in deinen Seiten blättert, erbebt die Seele angesichts der fürchterlichen Verirrungen und unerhörten Laster. Man vernimmt das Wimmern mißbrauchter Kinder, das Gekreisch mißhandelter Weiber, den ungeheuren Aufschrei gefolterter Menschen, das Geheul derer, die am Scheiterhaufen starben. Peitschenhiebe klatschen, und die Luft bekommt den brenzlichen Geruch gebratenen Menschenfleisches. *La bete humaine ...*

Aber nein, der Mensch ist keine Bestie. Die Bestie liebt, liebt einfach und wie es die Natur eingerichtet hat. Der Mensch aber mißhandelt seine Natur und die Natur mißhandelt den Eros in ihm. Wir sind Bestien, die man in Ställe sperrt, Bestien, denen die natürliche Nahrung vorenthalten wird, Bestien, die auf Befehl lieben müssen. Wir sind Haustiere.

Wäre der Mensch Bestie geblieben, dann wäre einmal im Jahre die Liebe in sein Herz gezogen. Aber die mühsam zurückgehaltene Sinnlichkeit macht uns jederzeit zur Liebe tauglich. Um den Lenz wurden wir betrogen. Und diese Sinnlichkeit ist nicht einfach, sondern kompliziert, nicht natürlich, sondern widernatürlich.

Diese unnatürliche Sinnlichkeit kommt in jedem Jahrhunderte, ja in jedem Jahrzehnte in anderer Weise zum Ausbruche. Sie liegt in der Luft und wirkt ansteckend. Bald verbreitet sie sich gleich einer Pest, die man nicht verbergen kann, bald schleicht sie durch das Land gleich einer geheimen Seuche, und die Menschen, die von ihr befallen sind, wissen sie vor einander zu verbergen. Bald ziehen die Flagellanten durch die Welt und die brennenden Scheiterhaufen werden zum Volksfest, bald zieht sich die Lust in die geheimsten Falten der Seele zurück. Aber wie dem auch sei: Marquis de Sade, der Kulminationspunkt der Sinnlichkeit seiner Zeit, dessen Geist die grandiosesten Martern ersann, deren unsere Phantasie fähig ist, und das liebe, blasse Mädchen, dessen Herz freier aufatmet, nachdem es den Floh geknickt hat, sie sind eines Stammes.

Das Edle am Weibe kennt nur eine Sehnsucht: Sich neben dem großen, starken Manne zu behaupten. Diese Sehnsucht kann gegenwärtig nur in Erfüllung gehen, wenn sie die Liebe des Mannes erringt. Die Liebe macht ihr den Mann untertan. Diese Liebe ist aber nicht natürlich. Wäre dem so, würde sich ihm das Weib nackt nähern. Das nackte Weib ist aber für den Mann reizlos. Es kann wohl die Liebe des Mannes entflammen, nicht aber erhalten.

Man wird euch erzählt haben, daß die Schamhaftigkeit dem Weibe das Feigenblatt aufgenötigt hat. Welcher Irrtum! Die Schamhaftigkeit, dieses mühsam durch raffinierte Kultur konstruierte Gefühl, war dem Urmenschen fremd. Das Weib bekleidete sich, sie wurde für den Mann zum Rätsel, um ihm die Sehnsucht nach der Lösung ins Herz zu senken.

Die Erweckung der Liebe ist die einzige Waffe, die das Weib im Kampfe der Geschlechter gegenwärtig besitzt. Die Liebe aber ist eine Tochter der Begierde. Die Begierde, den Wunsch des Mannes zu erregen, ist des Weibes Hoffnung. Der Mann kann das Weib durch seine Stellung, die er sich in der menschlichen Gesellschaft errungen hat, beherrschen. Ihn beseelt der Drang nach Vornehmheit, den er auch in seiner Kleidung zum Ausdrucke bringt. Jeder Raseur möchte wie ein Graf aussehen, während der Graf sich niemals bestreben wird, für einen Raseur gehalten zu werden. Und in der Ehe erhält die Frau durch den Mann ihre soziale Marke, gleichviel ob sie Kokotte oder Fürstin gewesen ist. I h r e Stellung geht vollständig verloren.

Das Weib ist daher gezwungen, durch ihre Kleidung an die Sinnlichkeit des Mannes zu appellieren, unbewußt an seine krankhafte Sinnlichkeit, für die man nur die Kultur seiner Zeit verantwortlich machen kann.

Während also die Veränderung in der Männerklei-
dung in der Art bewirkt wird, daß die großen Massen
in ihrem Drange nach Vornehmheit nachstürzen,
und auf diese Weise die ursprünglich vornehme
Form entwerten, die wirklich Vornehmen – oder
besser die, die von der Menge für solche gehalten
werden – sich nun aber nach einer neuen Form
umsehen müssen, um sich zu unterscheiden, wird
der Wechsel in der Frauenkleidung nur von dem
Wechsel der Sinnlichkeit diktiert.

Und die Sinnlichkeit wechselt stetig. Gewisse Verirrungen häufen sich gewöhnlich in einer Zeit, um
dann anderen Platz zu machen. D i e V e r u r t e i -
l u n g e n n a c h d e n § § 1 2 5 b i s 1 3 3 u n s e r e s
S t r a f g e s e t z e s s i n d d a s e r l ä ß l i c h s t e M o d e -
j o u r n a l. Ich will nicht weit zurückgreifen. Ende der
Siebziger und Anfang der Achziger Jahre strotzte die
Literatur jener Richtung, die durch ihre realistischen
Aufrichtigkeiten zu wirken suchte, von Beschrei-
bungen üppiger Frauenschönheit und Flagellations-
szenen. Ich erinnere nur an Sacher-Masoch, Catulle
Mendes und Armand Sylvestre. Bald darauf wurde
die volle Üppigkeit, die reife Weiblichkeit durch die
Kleidung scharf zum Ausdrucke gebracht. Wer sie
nicht besaß, mußte sie fälschen: *le cul de Paris*. Nun
trat die Reaktion ein. Der Ruf nach Jugend erscholl.

Das Weibkind kam in die Mode. Man lechzte nach Unreife. Die Psyche des Mädchens wurde zerpflückt und literarisch verwertet. Peter Altenberg. Die Barrisons tanzten auf der Bühne und in der Seele des Mannes. Da verschwand aus der Kleidung der Frau, was weiblich ist, um den Kampf gegen das Kind aufzunehmen. Sie log sich ihre Hüften hinweg, starke Formen, früher noch ihr Stolz, waren ihr unbequem. Der Kopf nahm durch Frisur und die großen Ärmel den Ausdruck des Kindlichen an. Aber auch diese Zeiten sind vorüber. Man wird mir einwenden, daß sich aber gerade jetzt die Schwurgerichtsverhandlungen über diese Verbrechen in der erschreckendsten Weise mehren. Gewiß. Das ist der beste Beweis, daß sie aus den höheren Kreisen verschwinden, um nun ihre Wanderschaft nach unten anzutreten. Denn der großen Masse stehen nicht die Mittel zu Gebote, sich aus jener Schwüle hinauszuretten.

Ein großer, konstanter Zug ging wohl durch dieses Jahrhundert. Das Werden wirkte stärker als das Gewordene. Der Frühling wurde erst in diesem Säkulum zur bevorzugtesten Jahreszeit. Die Blumenmaler früherer Zeiten haben niemals Knospen gemalt. Die professionellen Schönheiten am Hofe der französischen Könige erreichten ihre vollste Blüte erst mit dem vierzigsten Jahre. Aber heute hat sich auch für jene, die sich vollständig gesund halten, halten sage ich, dieser Zeitpunkt in der Entwicklung des Weibes um zwanzig Jahre nach aufwärts vollzogen. Stets wählt daher die Frau Formen, die das Merkmal der Jugend tragen. Ein Beweis: Lege die Photographien aus den letzten zwanzig Jahren einer Frau nebeneinander. Und sie wird ausrufen: »Wie alt habe ich vor zwanzig Jahren ausgesehen!« Und auch du wirst zugeben müssen: Auf dem letzten Bilde erscheint sie am jüngsten.

Wie ich schon bemerkt habe, gibt es auch Parallelströmungen. Die wichtigste, deren Ende noch gar nicht abzusehen ist, dabei die stärkste, weil sie von England ausgeht, ist jene Richtung, die das raffinierte Hellas erfand – die Liebe Platos: Das Weib sei dem Manne nur ein guter Kamerad. Auch dieser Strömung wurde Rechnung getragen und sie führte zur Schaffung des *tailor made costume*, des vom Herrenschneider gemachten Kleides. In jener Gesellschaftsschichte aber, in der auch auf die vornehme Abstammung der Frau gesehen wird, im Hochadel, wo durch Kämmererswürde die Abstammung der Frau noch nach Generationen mitspricht, kann man eine Emanzipation von der herrschenden Damenmode bemerken, indem man dort dem nämlichen Zuge nach Vornehmheit huldigt. Die Leute können sich dann nicht genug über die in der Aristokratie herrschende Einfachheit wundern.

Aus dem Gesagten geht hervor, daß die Führung in der Herrenkleidung d e r Mann inne hat, der die höchste soziale Position einnimmt, die Führung in der Damenmode aber jene Frau besitzt, die für die Erweckung der Sinnlichkeit das meiste Feingefühl entwickeln muß, die Kokotte.

Die Kleidung der Frau unterscheidet sich äußerlich von der des Mannes durch Bevorzugung ornamentaler und farbiger Wirkungen und durch den langen Rock, der die Beine der Frau vollständig bedeckt. Diese beiden Momente zeigen uns schon, daß die Frau in den letzten Jahrhunderten stark in der Entwicklung zurückgeblieben ist. Keine Kulturperiode kannte einen so großen Unterschied in der Kleidung des freien Mannes und des freien Weibes als die unsrige. Denn auch der Mann trug in früheren Epochen Kleider, deren Saum bis zum Erdboden reichte, farbig war und reich geschmückt. Die grandiose Entwicklung, die unsere Kultur in diesem Jahrhunderte genommen hat, hat das Ornament glücklich überwunden. Ich muß mich hier wiederholen. Je tiefer die Kultur, desto stärker tritt das Ornament auf. Das Ornament ist etwas, was überwunden werden muß. Der Papua und der Verbrecher ornamentiert seine

Haut. Der Indianer bedeckt sein Ruder und sein Boot über und über mit Ornamenten. Aber das Bicycle und die Dampfmaschine sind ornamentenfrei. Die fortschreitende Kultur scheidet Objekt für Objekt vom Ornamentiertwerden aus.

Männer, die ihr Verhältnis zu vorhergehenden Epochen betonen wollen, kleiden sich heute noch in Gold, Samt und Seide: Die Magnaten und der Klerus. Männer, denen man eine moderne Errungenschaft, die Selbstbestimmung, vorenthalten will, kleidet man in Gold, Samt und Seide: Lakaien und Minister. Und der Monarch hüllt sich bei besonderen Gelegenheiten in Hermelin und Purpur, ob es nun seinem Geschmacke entspricht oder nicht, als erster Diener des Staates. Auch beim Soldaten wird durch farbige und goldstrotzende Uniformen das Gefühl der Hörigkeit erhöht.

Das lange, bis zu den Knöcheln reichende Gewand aber ist das gemeinsame Abzeichen derer, die nicht körperlich arbeiten. Als körperliche und erwerbende Tätigkeit noch unvereinbar war mit freier, adeliger Abkunft, trug der Herr das lange Kleid, der Knecht die Hose. So ist es heute noch in China: Mandarin und Kuli. So betont bei uns der Klerus seine nicht auf den Erwerb gerichtete Tätigkeit durch die Soutane. Wohl hat der Mann der obersten Gesellschaftsschichten sich das Recht auf freie Arbeit erworben, bei festlichen Anlässen trägt er aber noch immer ein Kleidungsstück, das bis zu den Knien reicht, den Gehrock.

Der Frau aus diesen Kreisen wurde eine reine Erwerbstätigkeit noch nicht zugestanden. In jenen Schichten, in denen sie das Recht auf Erwerb erlangte, trägt sie auch die Hose. Man denke an die Kohlengräberin in den belgischen Schichten, an die Sennerin der Alpen, an die Crevettenfischerin der Nordsee.

Auch der Mann mußte für das Recht des Hosentragens kämpfen. Das Reiten, eine Tätigkeit, die nur körperliche Ausbildung, aber keinen materiellen Gewinn erzielt, war die erste Etappe. Dem blühenden, reitfreudigen Rittertum des XIII. Jahrhunderts haben die Männer die fußfreie Kleidung zu danken. Diese Errungenschaft konnte ihnen das XVI. Jahrhundert, in dem das Reiten aus der Mode kam, nicht mehr rauben. Die Frau hat erst in den letzten 50 Jahren das Recht der körperlichen Ausbildung erlangt. Ein analoger Vorgang: Wie im XIII. Jahrhundert dem Reiter, wird im XX. Jahrhundert der Radfahrerin das Zugeständnis der fußfreien Kleidung und der Hose gemacht. Und damit ist der erste Schritt zur gesellschaftlichen Sanktion der Frauenarbeit getan.

Das Edle am Weibe kennt nur eine Sehnsucht, sich

neben dem großen starken Manne zu behaupten. Diese Sehnsucht kann gegenwärtig nur erfüllt werden, wenn sie die Liebe des Mannes erringt. Aber wir gehen einer neuen, größeren Zeit entgegen. Nicht mehr die durch den Appell an die Sinnlichkeit, sondern die durch Arbeit erworbene wirtschaftliche Unabhängigkeit der Frau wird eine Gleichstellung mit dem Manne hervorrufen. Wert oder Unwert der Frau wird nicht durch den Wechsel der Sinnlichkeit fallen oder steigen. Dann werden Samt und Seide, Blumen und Bänder, Federn und Farben ihre Wirkung versagen. Sie werden verschwinden.

Kurze Haare

Drehen wir die Frage um. Fragen wir die Frauen, was sie zu den kurzen Haaren der Männer sagen. Sie werden wahrscheinlich antworten, daß das eine Sache ist, die die Männer allein angeht. In Zürich hat der Leiter eines Krankenhauses eine Wärterin entlassen, weil sie sich die Haare schneiden ließ. Wäre es möglich, daß eine Frau als Leiterin eines Krankenhauses eine männliche Hilfskraft aus diesem Grunde entlassen würde? Denn die Männerhaare sind lang, sie wurden bei den alten Germanen in einem Schopf zusammengebunden, fielen im Mittelalter über die Schultern und wurden erst zur Renaissancezeit, in Erinnerung an die römische Sitte, geschoren. Zur Zeit Ludwigs XIV. wurden sie wieder über die Schulter getragen, dann zu Zöpfen geflochten (ich rede immer von Männerhaaren), um nach und während der Französischen Revolution wieder in langen Schiller-Locken über die Schulter zu fallen. Napoleon trug den Cäsarenkopf. Heute würde man das Bubikopf nennen. Auch die Frauen ließen ihr Haar schneiden – ja, warum denn nicht – und nannten diese Haartracht Tituskopf. Weshalb aber lange Haare weiblich und kurze männlich sein sollen – darüber mögen sich die alten Weiber unter den Männern den leeren

Kopf zerbrechen. Den Frauen vorschreiben zu wollen, sie müßten ihr Haar lang tragen, da das lange Haar Lustgefühle erzeuge und die Frauen nur dazu da sind, diese erotische Spannung zu verschaffen – das ist eine Frechheit! Keine Frau würde die Schamlosigkeit aufbringen, solche Geheimnisse ihres erotischen Innenlebens zur Moralforderung zu erheben. Die Frauen tragen Hosen, die Männer tragen Röcke – bei den Chinesen. Im Abendland ist es umgekehrt. Aber lächerlich erscheint es, solche Nebensächlichkeiten mit der göttlichen Weltordnung, mit Natur und Moral in Verbindung zu bringen. Arbeitende Frauen tragen Hosen oder kurze Röcke: unsere Bäuerinnen und Sennerinnen. Die Frauen, die gar nichts zu tun haben, können leicht ihre Kleider herumschleppen. Aber ein Mann, der den Frauen Vorschriften machen will, sagt damit, daß er die Frau als Sexualhörige betrachtet. Er möge sich lieber mit seiner eigenen Kleidung beschäftigen. Die Frauen werden mit ihrer schon fertig werden.

ADOLF LOOS

Die englische Uniform

Uniform heißt auf Deutsch »Einform«. Der neue Staat hat dieses Abzeichen des alten Staates nicht abzuschaffen, sondern im Gegenteil zu verstärken und zu vertiefen. Das entspricht seiner sozialen und sozialisierenden Tendenz. Die Einform, die Uniform der Wehrmacht soll also nicht nur beibehalten, sondern noch mehr verbreitet werden.

Der alte Staat hat es versucht, dem zur Waffe beeideten Staatsangehörigen ein Kleidungsstück aufzuzwingen, das nicht seiner Bequemlichkeit, seinem Nervenzustande, daher nicht seinem ästhetischen Bedürfnisse entsprach. Mit negativem Erfolge. Ein Witz aus der »Muskete«: »Aber meine Herren, bedenken Sie doch, wir tragen alle des Kaisers gleichen Rock.« (Zehn bis zwanzig Offiziere umgaben den so sprechenden Major, aber jeder hatte ein andres Kleidungsstück an.)

Die Nerven des modernen Menschen revoltieren gegen die Zumutung, sich zwanzig, fünfzig, hundert Jahre zurückschrauben lassen zu müssen. Menschen, die von Kindheit an Schnürschuhe getragen haben, werden mit Zugstiefeletten (mit Elastiks) nicht marschieren können. Und wenn der Herr Oberst noch eine solche Wut auf Schnürschuhe hat. (Hier sei bemerkt, daß der Wunsch der Regimentskommandanten bezüglich dieser Schweißfüße erzeugenden Fußbekleidung ganz ungerechtfertigt war. In keiner Adjustierungsvorschrift waren diese Kulturgreuel auch nur erwähnt, geschweige denn, daß sie zur Vorschrift gehörten.) Aber viele unmoderne, daher kulturwidrige, kulturhemmende Kleidungsstücke waren Vorschrift und haben dazu beigetragen, den Weg, den die Menschheit zu gehen hat, zu hemmen, den Bewohnern der alten Monarchie jede Entwicklung, die den umwohnenden Völkern von Staats wegen freigegeben war, zu rauben. Da gab es Fußlappen statt Socken, Leibriemen statt Hosenträger usw. usw.

Man kann nur dann eine Uniform erzielen, wenn diese auch dem Sinne des Menschen, der sie tragen soll, entspricht. Und da es sich darum handelt, die Menschheit durch ein Kleidungsstück nicht zurückzuschrauben, so muß man, da dank der Regierungsmaxime der alten Monarchie auch unmoderne Menschen unter uns leben, hinzusetzen: dem Sinne des modernen Menschen entspricht.

Sprechen wir vom Waffenrock. Die Engländer haben diese Frage – da ihr Staat den größten Prozentsatz moderner Menschen aufweist – gelöst und alle Entente- und neutralen Staaten haben dieses Kleidungsstück angenommen. Allerdings gibt es noch einen

Unterschied zwischen dem Rock des Offiziers und der Mannschaft. Daß dieser Unterschied verschwindet, ist eine Frage der Zeit. Er wird zugunsten des Offiziersrockes gelöst werden, da er der modernere ist.

Der Rock weist einen Schnitt auf, der zwei Funktionen, die ein Uniformstück zu lösen hat, trefflich erfüllt: er ist praktisch (entspricht also daher dem ästhetischen Bedürfnis) und kann dank seiner Anordnung nur in dieser Form hergestellt werden. Eigenbrötlerei, Gigerltum, andere Anordnungen bei zu groß oder zu klein usw. sind vollständig ausgeschlossen.

Der Rock ist wie jeder Zivilrock mit umgelegtem Kragen (Revers) gearbeitet. Der Hüftknochen gibt die Lage des Lederriemens (Überschwunges) an, der durch zwei Knöpfe festgelegt wird, einen unter, einen über dem Überschwung. Zwischen diesem Knopf und dem obersten Schlußknopf wird noch ein Knopf eingeteilt. Sache des Schneiders ist es, die beiden unteren Knöpfe sowohl mit der ganzen Einteilung wie mit dem Abstand dieser anderen Knöpfe in Einklang zu bringen. Als Unterlage für den Überschwung ist in der Breite des Lederzeugs eine Stoffunterlage als Gürtel aufgenäht.

Vier Taschen befinden sich außen. Die Funktionen sind: die beiden oberen Taschen für Notizbuch und Taschentuch, die unteren für alle größeren Gegenstände. Die oberen (Brust-)Taschen sind daher so klein wie möglich. Große Brusttaschen wirken beim Manne unästhetisch und lächerlich. Dafür sind die beiden Seitentaschen um so größer. So groß wie möglich. Sie entspringen schon beim Gürtel und gehen so tief hinunter, als es die Länge des Rockes bei aufgesetzten Taschen erlaubt. Die Brusttaschen erstrecken sich vom obersten Brustknopf bis einige Zentimeter über dem Gürtel.

Verschieden ist die Bauart der Brust- und Seitentaschen. Beide sind, wie schon bemerkt, aufgesetzte Taschen. Aber während die Brusttaschen nur eine mittlere Hohlfalte (wie beim alten Norfolkrock) zeigen, sind die Seitentaschen als »Harmonikataschen« aufgesetzt. Große Pakete können auf diese Weise getragen werden. Die Rückansicht zeigt eine Rückennaht. Vom Gürtel abwärts ist diese als Schlitz fortgeführt. Des Sitzens zu Pferde wegen.

Hemd und Krawatte (Knoten) sind sichtbar. Ein Vorschlag: Könnten unsre alten Regimentsfarben als Krawatten wieder zum Vorschein kommen. Der Hemdkragen ist angenäht wie bei unsern Bauern, die dadurch schon mehr Kultur besitzen als der Städter. Damit ist die genügende Reinlichkeit der Unterkleidung ohne Kasernmaßregel verbürgt.

ADOLF LOOS

Antworten von Adolf Loos

21. Juni 1919:

Frage: Warum heißen die Sporthosen Knickerbokkers?

Antwort: Was für unsren heimischen Dichter und Zeichner Frau Vindobona ist, ist für seinen Kollegen in New-York Father Knickerbocker. Vater Knickerbocker ist die Personifikation von New-York. Er ist ein alter Herr mit Dreispitz und Allongeperücke, Schnallenschuhen und weiten Kniehosen. Der brave, dicke Tulpenzwiebel züchtende Holländer von Anno dazumal, als New-York noch Neu-Amsterdam hieß. Washington Irving hat in seinem humoristischen Roman »Geschichte der Stadt New-York« einen Helden, den er Diedrich Knickerbock nennt. Diese weiten holländischen Hosen – heute noch tragen die Holländer die weitesten Hosen – wurden von nun an Knickerbockers, ausgesprochen Nickerbockers oder Nickers, genannt. Knickers kann auch geschrieben werden. Aber auch die Abkömmlinge der holländischen Familien werden Knickerbockers genannt. Der Knickerbocker Club entspricht unserm Jockeyklub, nur ist er viel exklusiver. Roosevelt war ein Knickerbocker.

Frage: Der schiefe Überschwung und die Flinserlsterne.

Antwort: Zahlreich sind die Zuschriften, die sich
gegen meinen Angriff im letzten Fragekasten auf diese
zwei verflossenen österreichischen Institutionen rich-
ten. Also, was ich gegen die Flinserlsterne habe.
Wenn ich während des Krieges unsre Soldaten mit
der erbeuteten Stella d'Italia, dem fünfzackigen Stern
der italienischen Soldaten, sah, wenn ich unsre Stra-
ßenjungen mit diesem Abzeichen geschmückt, be-
merkte, so hatte ich das unangenehme Gefühl, daß
gegenwärtig in Rom und Palermo die österreichischen Offizierssterne als Mützenschmuck dienen.
Und wie man die heimische Schande zu Hause
erträgt, während sie, wenn man ihr in der Fremde
begegnet, die Schamröte ins Gesicht treibt, so war
mir dieser Gedanke unerträglich. Was müssen sich
die Italiener von unsern Offizieren denken! Diese
Sterne, die eine Trapezkünstlerin nicht einmal in
einem besseren Varieté tragen könnte, dieser Flin-
serlgeist, in dem sich höchstens weibliche Kunst-
reiter kleiden, die im Wagen Dorf für Dorf unsicher
machen – Kinder hängts die Wäsche weg, die Komö-
dianten kommen –, das soll etwas sein, was ein
Mann, nein, ein Soldat, nein, einer, der damit über

den Soldaten stehend, also sich als Offizier bezeichnet, auf den Kleidern angenäht hat! Wer das nicht fühlt, hat kein Gefühl für Männlichkeit, kein Gefühl für menschliche Würde. Bei Gott, unsre Offiziere sollten den – wenn auch ungesetzlichen –Volkswehrpatrouillen dankbar sein, daß sie ihr weiteres Leben nicht mit einem Abzeichen herumgehen müssen, das man bei andern Völkern nur dem *pauvre saltimbanque* nicht verübelt.

Und was den schiefen Überschwung anlangt. Deutlich konnte man schon am Tragen des Überschwunges (des Ledergürtels, an dem das Bajonett getragen wird) drei Kulturkreise bemerken: die Deutschen, die Österreicher und die andern Völker. Die andern Völker, die Türken und Bulgaren mit eingeschlossen, trugen den Überschwung horizontal, nicht schief. Denn Militär ist Ordnung, und ein schiefer Überschwung ist eine Schlamperei. Sie erzielten das durch zwei Haken, die auf der Seite des Waffenrockes eingenäht waren. Die Deutschen, die auch auf Ordnung halten, erzielten das durch zwei Haken, die aber nicht wie Haken aussahen. Sie sollten Knöpfe vortäuschen, die an Stelle der zwei obersten Knöpfe angenäht waren, die zusammen, im Ganzen sind es sechs, die Schöße des Waffenrocks verzieren. Also eine Imitation. Vastehste! Ich meine den Unterschied zwischen einem ehrlichen Haken und einem, der nicht zugeben will, ein Haken zu sein, sondern etwas andres. Warum? Nun, weil's »schön« ist. Versteht man nun den Unterschied zwischen einem Türken, Bulgaren etc. und einem Deutschen?

Der Österreicher trägt aber weder einen Haken, noch will er mit einem falschen Knopf Ordnung vortäuschen. Er ist ein gerader Michel und tragt den Überschwung, wie er gerade fällt. Also schief. Und bildet sich was drauf ein. Denn das ist fesch.

16. August 1919:
Frage: Das Ende des englischen Schnurrbarts.

Antwort: Diese Aufschrift, die dieser Tage durch die Blätter ging, sollte natürlich heißen: Das Ende des Schnurrbarts in England. Denn in England weiß niemand, was ein englischer Schnurrbart ist, wie ein englischer Schnurrbart aussieht. Das weiß man nur in Österreich und Deutschland. Der »englische« Schnurrbart hat seinen Weg von Wien aus in die Welt angetreten und kam sogar nach England. Nun ist es ja richtig, daß der »gemeine« Mann in England, der ungelernte Arbeiter, also der Taglöhner, der *navie*, den kurz gestutzten Schnurrbart getragen hat. Nie hätte der Gentleman einen solchen Schnurrbart getragen. Man trug ihn über die Lippen lang herabfallend oder, wie beim Militär in Uniform, mit Bartwichse zusammengedreht. Unbekannt war aber die »Es-ist-erreicht-Form«. Die wirkte lächerlich, der gestutzte Schnurrbart ordinär. Der gestutzte Schnurrbart kam durch die englischen Stallburschen nach Wien. Ich meine damit natürlich nicht die Jockeys, die ihrer gesellschaftlichen Stellung nach erhaben über eine so »ordinäre« Barttracht sind. Sondern ich meine den Mann, der die Pferde tränkt und striegelt.

Nun ist für den Wiener ein Engländer ein höheres Wesen, und wenn er auch nur Pferdemist wegschaufelt. Man konnte leicht für einen solchen gehalten werden, wenn man wie dieser seinen Schnurrbart kurz stehen ließ. Von der Wiener Freudenau verbreitete sich diese Mode bei den Kavallerieoffizieren – vor allem als Protest gegen den »Es-ist-erreicht-Bart«, der auch bei uns als ordinär galt.

Und es trugen den gestutzten Schnurrbart selbst unsre Aristokraten und machten damit nicht schlechtes Aufsehen in England. Und bald gab es einige mutige Engländer der Gesellschaft, die dem Beispiel der österreichischen Aristokraten folgten. Aber vor allem in den andern Ländern. In England war er, da er dort der typische *navie* Bart ist, am schwersten durchzusetzen und wird dort heute noch am wenigsten getragen.

Die Zeitungsnotiz meint daher natürlich, daß der Schnurrbart in England verschwindet und dem glattrasierten Gesichte Platz macht. Wie eben in andern Ländern auch. In einigen Jahren werden nur mehr Kellner und Kammerdiener einen Schnurrbart tragen. Die haben sich jetzt in Frankreich das Recht auf den Schnurrbart erobert.

23. August 1919:
Frage: Hoher Hut und Würde.

Antwort: Die Frage lautete ausführlicher: Sie lautete nämlich: Wie erklären Sie das Bestreben aller Völker, aller Zeiten und jeder Kulturstufe, die natürliche Kopfform zu erhöhen (siehe zum Beispiel Altägypten: Ammon, Muth, Neith; Azteken, Helmzier der Griechen und andrer, Mittelalter, Pechfrisur einiger schwarzen Völker, Kronen und Tiara und endlich der Zylinder) und dies als edel und würdevoll zu betrachten?

Die Frage trägt eigentlich ihre Antwort schon in sich. Es ist keine Frage, sondern eine sehr richtige Beobachtung, die schon seit langem gemacht wurde. Aber die Bedeutung der Kopfbedeckung ist von dem Zeitpunkt an zwecklos, von dem an sie nicht für eine bestimmte Klasse reserviert ist. Den Zylinder kann heute ein jeder tragen, die Tiara nicht.

Wir müssen uns vor Augen halten, daß die Kopfbedeckung wie das Wappen nur dem freien Mann
zustand, daß der Sklave ohne Hut gehen mußte. Da
man ihm aber diesen als Sonnen- und Regenschutz
zugestehen mußte, so war dieser verhalten, falls er
dem freien Mann auf der Straße begegnete, den Hut
abzunehmen. Heute noch ist diese sklavische Sitte
bei uns eingeführt. Nur die Engländer und Nordame-
rikaner kennen diese Sitte nicht mehr.

Nun wird man mir einwenden, daß doch auch in
England und in den Vereinigten Staaten das Haupt
beim Gruße – in den letztern allerdings nur dem
weiblichen Geschlechte gegenüber – entblößt wird.
Aber die Bedeutung dieses Grußes ist eine ganz
andre als in der übrigen abendländischen Welt. Während in dieser der jüngere oder im Range geringere,
ganz wie zu Zeiten, als es noch Freie und Unfreie
gab, zuerst grüßt, ist es dort umgekehrt. Während
das Grüßen bei uns besagt: ich erniedrige mich vor
dir, heißt es drüben: Hallo, wir kennen uns ja!

Dadurch entsteht eine vollständig entgegengesetzte
Auffassung des Grußes: während bei uns erwartet
wird, daß der Geringere zuerst grüßt, der Höhere
also auf den Gruß, auf die freiwillige Erniedrigung
seines Nebenmenschen Wert legt, wird drüben dem
höheren, wozu auch das ganze weibliche Geschlecht

– Kinder ausgenommen – gerechnet wird, das Recht eingeräumt, dieses Erkennenwollen sich auszusuchen.

Der hohe Hut, die Erhöhung seiner Person, hat in den Ländern, die lange schon demokratische Einrichtungen haben, keinen Zweck. Wenn sie noch getragen werden, wie der Zylinder, sind sie ein Überbleibsel aus vergangenen Jahrhunderten, wie der Knopf am Ärmel, der dem Reiter die Möglichkeit bot, beim Pferdefüttern und Tränken die Ärmel aufzuschlagen. Heute hat er diesen Zweck nicht mehr, und trotzdem näht ihn der Schneider immer wieder an. Die verschiedene Auffassung des Grüßens hat vielleicht am meisten zu dem Mißverständnisse geführt, daß der Engländer hochmütig ist und schlechte Manieren hat. Setzt er sich an einen schon besetzten Tisch, so grüßt er nicht. Würde er es tun, so wäre es ein Verstoß gegen sein Sittengesetz. Uns ist das schwer verständlich zu machen. Am leichtesten vielleicht mit dieser Erwägung. Der Engländer reicht dem Jüngeren oder Geringeren zuerst die Hand. Nun, das geschieht ja auch bei uns, höre ich sagen. Ganz richtig – also: das Grüßen in England wird so behandelt wie das Handreichen.

20. September 1919:

Frage: Wen wünsche ich mir als Zuhörer für meine Vorträge?

Antwort: Ich erlaube mir diesmal selbst den Fragekasten in Anspruch zu nehmen. Also: alle Herren der Regierung und solche, die es werden wollen. Sozialpolitiker, Pädagogen und Ärzte.

4. Oktober 1919:

Frage: Steht die letzte Herrenmode (kurzer englischer Rock) in irgendwelcher Beziehung mit dem König von England?

Antwort: Alles, was wir am Leibe haben, steht in Beziehung mit dem König von England. Oder besser gesagt: mit dem englischen Volk. Denn der englische König ist das sichtbare Symbol des englischen Volkscharakters. Er kann daher nichts tun, was diesem Charakter widerspricht. Aber was Sie mit dem kurzen englischen Rock meinen, weiß ich nicht. Meinen Sie den *covertcoat?* Oder meinen Sie das tägliche Sakko? Der erstere wird, seitdem er existiert, also seit 150 Jahren, zwei Finger länger als das Sakko getragen. Und das Sakko ist gegenwärtig länger geworden und hat eine hohe Taille.

Frage: Meine Vorträge.

Antwort: Ja, es sind dieselben, die ich teils unter dem Namen »Vom Stehen, Gehen, Sitzen, Liegen, Schlafen, Essen und Trinken« und unter »Wohnen lernen!« gehalten habe. Aber ich rate nur demjenigen hineinzugehen, der das alles schon kann. Pädagogen und Mediziner sind als Zuhörer erwünscht. Kriegsgewinnern ohne Vorbildung für diese Gegenstände ist das Zuhören abzuraten. Aber ihre Kinder mögen sie zu mir schicken. Allerdings ist dann ihre elterliche Autorität für immer abgetan.

18. Oktober 1919:

Frage: Leinenunterkleidung?

Antwort: Sie üben Kritik an meinem Vortrag und kommen zu dem Schlusse, daß diese Dinge nebensächlich sind. »In Leiwandunterhosen kann man auch glücklich sein.« Ganz richtig, wenn man die Nerven eines Menschen aus der Zeit 1780 bis 1860 besitzt. Hat man aber unglückseligerweise die Nerven von heute, also moderne Nerven, so kann man das nicht. Sie werden das nicht verstehen, da Sie durch Ihre Ansicht beweisen, daß Sie Leinenunterhosen, also keine gewirkten, tragen, also unmoderne Nerven besitzen. Aber vielleicht werden Sie mich verstehen, wenn Sie sich vorstellen, daß meine Vorträge vor

120 Jahren gehalten worden waren. Der Vortragende hätte von rückständigen Völkern gesprochen und es verurteilt, daß die Heeresleitung die Zeitgenossen zwingt, in gepuderten, zum Zopf geflochten Haaren und in bis über das Knie geknöpften Gamaschen einherzugehen. Ihr Gesinnungsgenosse von damals hätte dieselben Worte an mich gerichtet und geschlossen: »Auch mit gepudertem Zopf kann man glücklich sein«. Man konnte es, vor fünfzig Jahren. Aber im Jahre 1800 konnte man es nicht.

Das Prinzip der Bekleidung

Sind für den Künstler alle Materialien auch gleich wertvoll, so sind sie doch nicht für alle seine Zwecke gleich tauglich. Die Festigkeit und die Herstellbarkeit verlangen Materialien, die mit dem eigentlichen Zwecke des Gebäudes nicht im Einklang stehen. Hier hat der Architekt die Aufgabe, einen warmen, wohnlichen Raum herzustellen. Warm und wohnlich sind Teppiche. Er beschließt daher, einen solchen auf den Fußboden auszubreiten und vier Teppiche aufzuhängen, welche die vier Wände bilden sollen. Aber aus Teppichen kann man kein Haus bauen. Sowohl der Fußteppich als auch der Wandteppich erfordern ein konstruktives Gerüst, das sie in der richtigen Lage erhält. Dieses Gerüst zu erfinden, ist erst die zweite Aufgabe des Architekten.

Das ist der richtige, logische Weg, der in der Baukunst eingeschlagen werden soll. Denn auch die Menschheit hat in dieser Reihenfolge bauen gelernt. Im Anfange war die Bekleidung. Der Mensch suchte Schutz vor den Unbilden des Wetters, Schutz und Wärme während des Schlafes. Er suchte sich zu bedecken. Die Decke ist das älteste Architekturdetail. Ursprünglich war sie aus Fellen oder Erzeugnissen der Textilkunst. Diese Bedeutung erkennt man noch heute in den germanischen Sprachen. Diese Decke mußte irgendwo angebracht werden, sollte sie genügend Schutz für eine Familie bieten! Bald kamen die Wände dazu, um auch seitlichen Schutz zu bieten. Und in dieser Reihenfolge entwickelte sich der bauliche Gedanke sowohl in der Menschheit als auch im Individuum.

Es gibt Architekten, die das anders machen. Ihre Phantasie bildet nicht die Räume, sondern Mauerkörper. Was die Mauerkörper übrig lassen, sind dann die Räume. Und für diese Räume wird nachträglich jene Bekleidungsart gewählt, die ihnen dann passend erscheint. Das ist Kunst auf empirischem Wege.

Der Künstler aber, der A r c h i t e k t, fühlt zuerst die Wirkung, die er hervorzubringen gedenkt, und sieht dann mit seinem geistigen Auge die Räume, die er schaffen will. Die Wirkung, die er auf den Beschauer ausüben will, sei es nun Angst oder Schrekken wie beim Kerker; Gottesfurcht wie bei der Kirche; Ehrfurcht vor der Staatsgewalt wie beim Regierungspalast; Pietät wie beim Grabmal; Heimgefühl wie beim Wohnhause; Fröhlichkeit wie in der Trinkstube; diese Wirkung wird hervorgerufen durch das Material und durch die Form.

Ein jedes Material hat seine eigene Formensprache, und kein Material kann die Formen eines anderen

Materials für sich in Anspruch nehmen. Denn die Formen haben sich aus der Verwendbarkeit und Herstellungsweise eines jeden Materials gebildet, sie sind mit dem Material und durch das Material geworden. Kein Material gestattet einen Eingriff in seinen Formenkreis. Wer es dennoch wagt, den brandmarkt die Welt als Fälscher. Die Kunst hat aber mit der Fälschung, mit der Lüge nichts zu tun. Ihre Wege sind zwar dornenvoll, aber rein.

Den Stephansturm kann man wohl in Zement gießen und irgendwo aufstellen – er ist aber dann kein Kunstwerk. Und was vom Stephansturm gilt, gilt auch vom Palazzo Pitti und was vom Palazzo Pitti gilt, gilt auch vom Palazzo Farnese. Und mit diesem Bauwerke wären wir mitten drin in unserer Ringstraßenarchitektur. Eine traurige Zeit für die Kunst, eine traurige Zeit für die wenigen Künstler unter den damaligen Architekten, die gezwungen wurden, ihre Kunst dem Pöbel zuliebe zu prostituieren. Nur wenigen war es vergönnt, durchwegs Bauherren zu finden, die groß genug dachten, den Künstler gewähren zu lassen. Am glücklichsten war wohl Schmidt. Ihm zunächst kam Hansen, der, wenn's ihm schlecht ging, im Terracottabau Trost suchte. Fürchterliche Qualen muß wohl der arme Ferstel ausgestanden haben, den man in letzter Minute zwang, ganze

Fassadenteile seiner Universität in Zementguß anzunageln. Die übrigen Architekten dieser Epoche wußten sich, mit wenigen Ausnahmen, von solchen Gefühlsduseleien frei.

Ist es anders geworden? Man erlasse mir die Beantwortung dieser Frage. Noch herrschen die Imitation und die Surrogatkunst in der Architektur. Ja, noch mehr. In den letzten Jahren haben sich sogar Leute gefunden, die sich zu Verteidigern dieser Richtung hergeben – einer allerdings anonym, da ihm die Sache nicht reinlich genug erschien –, so daß der Surrogatarchitekt nicht mehr nötig hat, klein beiseite zu stehen. Jetzt nagelt man schon die Konstruktion mit Aplomb auf die Fassade und hängt die »Tragsteine« mit künstlerischer Berechtigung unter das Hauptgesims. Nur herbei, ihr Herolde der Imitation, ihr Verfertiger aufpatronierter Intarsien, Verpfusche-dein-Heim-Fenster und der Papiermachéhumpen! In Wien erblüht euch ein neuer Frühling, der Boden ist frisch gedüngt!

Aber ist der Wohnraum, der ganz mit Teppichen ausgelegt ist, keine Imitation? Die Wände sind ja nicht aus Teppichen gebaut! Gewiß nicht. Aber diese Teppiche wollen nur Teppiche sein und keine Mauersteine, sie wollen nie für solche gehalten werden, zeigen dies weder durch Farbe oder Muster, sondern

bringen ihre Bedeutung als Bekleidung der Mauerfläche klar zutage. Sie erfüllen ihren Zwecke nach
dem Prinzipe der Bekleidung.

Wie schon eingangs erwähnt, ist die Bekleidung
älter als die Konstruktion. Die Gründe der Bekleidung
sind mannigfacher Art. Bald ist sie Schutz gegen die
Unbill des Wetters, wie der Ölfarbenanstrich auf
Holz, Eisen oder Stein, bald sind es hygienische
Gründe, wie die glasierten Steine in der Toilette, zur
Bedeckung der Mauerfläche, bald Mittel zu einer
bestimmten Wirkung, wie die farbige Bemalung der
Statuen, das Tapezieren der Wände, das Fournieren
des Holzes. Das Prinzip der Bekleidung, das zuerst
von Semper ausgesprochen wurde, erstreckt sich auch
auf die Natur. Der Mensch ist mit einer Haut, der
Baum mit einer Rinde bekleidet.

Aus diesem Prinzip der Bekleidung stelle ich aber
auch ein ganz bestimmtes Gesetz auf, das ich das
Gesetz der Bekleidung nenne. Man erschrecke nicht.
Gesetze, so heißt es gewöhnlich, machen jeder Entwicklung ein Ende. Und dann sind ja die alten Meister
auch ganz gut ohne Gesetze ausgekommen. Gewiß.
Wo der Diebstahl eine unbekannte Sache ist, wäre es
müßig, diesbezügliche Gesetze aufzustellen. Als die
Materialien, die zur Bekleidung verwendet werden,
noch nicht imitiert wurden, hat man keine Gesetze

ausgetüftelt. Nun aber scheint es mir hoch an der Zeit zu sein.

Dieses Gesetz lautet also: Die Möglichkeit, das bekleidete Material mit der Bekleidung verwechseln zu können, soll auf alle Fälle ausgeschlossen sein. Auf einzelne Fälle angewendet, würde dieser Satz lauten: Holz darf mit jeder Farbe angestrichen werden, nur mit einer nicht – der Holzfarbe. In einer Stadt, deren Ausstellungskommission beschloß, alles Holz in der Rotunde »wie Mahagoni« anzustreichen, in der das Fladern der einzige Anstrichdekor des Holzes ist, ist dieser Satz sehr gewagt. Es scheint hier Leute zu geben, die das für vornehm halten. Da die Eisenbahn- und Trambahnwagen wie der gesamte Wagenbau aus England stammt, so sind diese die einzigen hölzernen Objekte, die absolute Farben zur Schau tragen. Ich wage nun zu behaupten, daß ein solcher Trambahnwagen – insbesondere der elektrischen Linie – mir in den absoluten Farben besser gefällt, als wenn er, dem Schönheitsprinzipe der Ausstellungskommission zufolge, wie Mahagoni gestrichen wäre.

Aber auch in unserem Volke schlummert, allerdings verscharrt und vergraben, das wahre Gefühl für Vornehmheit. Sonst würde die Bahnverwaltung nicht mit dem Umstande rechnen können, daß die braune, also in der Holzfarbe gestrichene dritte Klasse weniger vornehme Gefühle wachruft als die grüne zweite und erste.

Auf drastische Art hatte ich einst einem Kollegen dieses unbewußte Gefühl nachgewiesen. In einem Hause befanden sich im ersten Stockwerke zwei Wohnungen. Der Mieter der einen Wohnung hatte auf seine Kosten die Fensterkreuze, die sonst braun gefleckt waren, weiß streichen lassen. Wir hatten eine Wette abgeschlossen, nach welcher wir eine bestimmte Anzahl von Personen vor das Haus führen wollten und diese, ohne sie auf den Unterschied in den Fensterkreuzen aufmerksam zu machen, fragen wollten, auf welcher Seite ihrem Gefühle nach der Hr. Pluntzengruber und auf welcher Seite der Fürst Liechtenstein wohne, welch beide Parteien wir uns in das Haus einzumieten erlaubten. Einstimmig wurde die holzgefladerte Seite für die pluntzengruberische erklärt. Mein Kollege streicht seither nur mehr weiß.

Die Holzfladerei ist natürlich eine Erfindung unseres Jahrhunderts. Das Mittelalter strich das Holz vorwiegend grellrot, die Renaissance blau, die Barocke und das Rokoko im Innern weiß, außen grün. Unsere Bauern haben sich noch so viel gesunden Sinn bewahrt, daß sie in absoluten Farben streichen. Wie

ADOLF LOOS

reizend wirkt nicht auf dem Lande das grüne Tor und der grüne Zaun, die grünen Jalousien zu der weißen, frisch getünchten Wand. Leider hat man sich schon in einigen Ortschaften den Geschmack unserer Ausstellungskommission angeeignet.

Man wird sich noch der moralischen Entrüstung erinnern, die im Surrogat-Kunstgewerbelager entstand, als die ersten in Ölfarbe gestrichenen Möbel aus England nach Wien kamen. Nicht gegen den Anstrich wendete sich die Wut dieser Braven. Hatte man doch auch in Wien, sobald weiches Holz zur Verwendung kam, mit Ölfarbe gestrichen. Daß aber die englischen Möbel wagten, ihre Ölfarbe so frank und frei zur Schau zu tragen, statt hartes Holz zu imitieren, brachte diese sonderbaren Heiligen sehr in Härnisch. Man verdrehte die Augen und machte so, als ob man die Ölfarben überhaupt noch nie angewendet hätte. Vermutlich sind diese Herren der Meinung, daß man ihre gefladerten Möbel und Bauarbeiten bisher für hartes Holz angesehen hat.

Wenn ich mit solchen Anschauungen bei der Exposition der Anstreicher keine Namen nenne, so glaube ich des Dankes dieser Genossenschaft sicher zu sein.

Auf die Stukkateure angewendet, würde das Prinzip der Bekleidung lauten: Der Stuck kann jedes Ornament erhalten, nur eines nicht – den Ziegelrohbau.

Man sollte glauben, daß das Aussprechen einer solchen Selbstverständlichkeit unnötig sei, aber erst neulich hat man mich auf ein Bauwerk aufmerksam gemacht, dessen geputzte Wand rot gefärbelt und mit weißen Fugen versehen wurde. Auch die so beliebte Küchendekoration, die Steinquadern imitiert, fällt hieher. Und so dürfen alle Materialien, die zur Wandverkleidung dienen, also Tapeten, Wachstuch, Stoff und Teppiche, Ziegel und Steinquadern nicht zur Darstellung bringen. Und dadurch wird man auch verstehen, warum die Trikotbeine unserer Tänzerinnen so unästhetisch wirken. So darf gewirkte Wäsche in jeder Farbe gefärbt werden, nur nicht fleischfarben.

Ein bekleidendes Material kann seine natürliche Farbe behalten, wenn das gedeckte Material ebenfalls dieselbe Farbe aufweist. So kann ich das schwarze Eisen mit Teer bestreichen, ich kann Holz mit einem andern Holz bedecken (fournieren, marquetieren usw.), ohne das bedeckende Holz färben zu müssen; ich kann ein Metall mit einem andern Metall durch Feuer oder galvanisch überziehen. Doch verbietet es das Prinzip der Bekleidung, durch einen Farbstoff das darunter befindliche Material nachzuahmen. Daher kann Eisen wohl geteert, mit Ölfarbe gestrichen oder galvanisch überzogen, nie aber mit Bronzefarbe, also einer Metallfarbe, verdeckt werden.

Hier verdienen auch die Chamotte- und Kunststein-
platten Erwähnung, die einesteils das Terrazzo-
pflaster (Mosaik), anderntteils persische Teppiche imitieren. Gewiß finden sich Leute, die's glauben – die
Fabriken müssen ja ihr Publikum kennen.

Doch nein, ihr Imitatoren und Surrogatarchitekten,
ihr irrt euch doch. Die menschliche Seele ist etwas
zu hohes und erhabenes, als daß ihr sie durch eure
Mittel und Mittelchen hinters Licht führen könntet.
Das Gebet des armen Bauernmädchens wird in einer
Kirche, die in echtem Material gebaut ist, mit größerer
Kraft zum Himmel dringen, als wenn sie mit der gleichen Inbrunst ihre Andacht zwischen marmorgestri-
chenen Gipswänden verrichtete. Unseren armseligen
Körper habt ihr allerdings in eurer Gewalt. Nur fünf
Sinne stehen ihm zu Gebote, echt von unecht zu
unterscheiden. Und dort, wo der Mensch mit seinen
Sinnesorganen nicht mehr hinreicht, dort beginnt so
recht eure Domäne, dort ist euer Reich. Aber noch-
mals, ihr irrt euch. Malt auf die Holzdecke recht,
recht hoch die besten Intarsien – die armen Augen
werden es auf gut und treu hinnehmen. Aber die
göttliche Psyche glaubt euch euren Schwindel nicht.
Die fühlt in den besten »wie eingelegt« gemalten
Intarsien doch nur Ölfarbe.

Die Frau und das Haus

Von Nord und Süd, vom Orient zum Okzident erschallt der Ruhm der deutschen Hausfrau. Sie strickt die Strümpfe eigenhändig, sie ist auf die »Gartenlaube« abonniert, sie staubt die Möbel ab. Und wenn Schlag 1 Uhr zu Mittag gegessen werden soll, da brodelt schon um 8 Uhr morgens das Wasser tüchtig in der Küche für das Rindfleisch, und die Eier werden für den ausgezogenen Apfelstrudel vielleicht noch etwas früher in das Mehl geschlagen. Denn alle diese Leckerbissen, mit denen der deutsche Ehemann gefüttert wird, nehmen Zeit in Anspruch.

Die deutschen Ehemänner aber werden mit Befriedigung vernehmen, daß es ihre französischen, englischen und amerikanischen Kollegen nicht so gut haben. Ja, ja, ganz besonders die Amerikanerinnen! Man kennt ja diese Sippe. Den ganzen Tag liegen sie im Schaukelstuhl und rauchen Zigaretten. Und was kriegen auch die armen Männer dort zu essen? Statt des guten, weichen, fünf Stunden lang ausgekochten Rindfleisches müssen diese armen Leute alle Tage Steak essen! Beefsteak, Vealsteak, Muttonchops, Koteletts und andere nur so auf den Rost hingeworfene, in fünf Minuten gebratene Fleischfetzen!

Auch zum Strümpfestricken sind die Amerikanerinnen zu faul. Die kaufen sie fertig im Laden. Und den Kindern stopfen sie nicht einmal die Kleider. Ist etwas zerrissen, wird's gleich neu angeschafft. Auf den Markt gehen sie auch nicht. Sie lassen sich alles ins Haus bringen und zahlen für alles den geforderten Preis. O diese Verschwenderinnen! Man blicke dagegen hoch auf unsere Hausfrau. Sie kann Tagereisen unternehmen, wenn es gilt, das Pfund Mehl um zwei Kreuzer billiger einzukaufen.

Ich hatte Gelegenheit, mich von all diesen Schandtaten persönlich an Ort und Stelle zu überzeugen. Nur die Geschichte vom Schaukelstuhl und den Zigaretten stimmte nicht. Die Amerikaner haben nämlich gar keinen Schaukelstuhl nach unseren Begriffen, und das Zigarettenrauchen ist dort bei den Damen unbekannt. Es würde sogar niemals ein Mann wagen, in Begleitung von Damen zu rauchen.

Wie nur diese Geschichte in das sonst so wahre Lasterbild der Amerikanerin hereingeraten sein konnte? Lange habe ich darüber nachgedacht. Endlich fand ich's. Was würde nämlich die echte deutsche Hausfrau, ich meine die, auf die wir so stolz sind, und nicht ihre entartete Schwester, die sich schon langsam amerikanisiert hat, was würde diese echte deutsche, unverfälschte Original-Hausfrau beginnen, wenn sie nicht meilenweit mit der Pferdebahn zur billigsten Einkaufsquelle fahren könnte, nicht Strümpfe stricken würde, nicht das Wasser zur frühen Morgenstunde zusetzen, nicht auf die »Gartenlaube« abonniert sein könnte? Sie wäre Zeit ihres Lebens verurteilt, nichts zu machen. Und Nichtsmachen, das bedeutet für sie herumbummeln und Zigaretten rauchen.

Die Amerikanerin ist aber weit entfernt, nichts zu machen. Sie bringt es zu Stande, sich außer den bereits angedeuteten Verrichtungen zu beschäftigen. Sie zeichnet, sie malt. Sie ist auf *The Studio* abonniert. Sie trainiert ihre Augen. Der Mann hat für solche Dinge keine Zeit. Der hat ans Geschäft zu denken. Ganz wie bei uns. Da aber bei uns die Frau auch keine Zeit dafür hat, so steht man nun allen Kunstfragen ratlos gegenüber. Die stellen sich im Haushalte zahlreich genug ein. Hier ist ein neuer Ofen zu setzen, hier das Zimmer frisch zu tapezieren. Da brauchen die Möbel neue Überzüge, hier soll der Tante ein Geburtstagsgeschenk gekauft werden. Da muß man sich denn auf die Verkäufer verlassen. Schrecklich aber ist es, wenn man ein Zimmer, eine Wohnung einrichten soll. Schrecklich für dasjenige Ehepaar, das den Ehrgeiz besitzen sollte, sich selbst einzurichten. Soll man das nehmen oder soll man jenes nehmen! Was Wunder, wenn man schließlich verzagt

ADOLF LOOS

den Tapezierer ruft, den Retter in der Not, der diese Fragen nach seinem Schema frisch und fröhlich zur allgemeinen Zufriedenheit löst. Da man nie mit seinen eigenen Augen sehen gelernt hat, so fühlt man sich schließlich auch ganz glücklich. Dem Blinden ist es gleichgültig, ob das Zimmer rot oder grün austapeziert ist.

Die Amerikanerin ist aber nicht blind. Durch das Zeichnen hat sie die Formen, durch das Malen die Farben zu erfassen gelernt. Wenn sie etwas einzukaufen hat, so braucht sie sich nicht den Kopf zu zerbrechen. Sie weiß, was ihr frommt; sie weiß, was ihr Zimmer braucht. Diese Sicherheit merkt man aber auch ihren Wohnräumen an. Da kommt kein Tapezierer hinein. Und Farbe haben diese Räume! Wenn man den Farbton, der sich in der Natur vorfindet, auf der Palette suchen lernt, wenn man es ehrlich damit meint und nicht die schon von erfolgreichen Malern aufgefundenen Töne für seine Bilder verwendet, da geht einem eine neue Welt für Farbe und Tonwert auf. Da erscheint einem die Welt im neuen Glanze, mögen die mit den verkümmerten Augen, die, welche statt lebendiger Augäpfel photographische Apparate im Kopfe haben, noch so sehr über blaue Bäume und den roten Himmel der Sehenden spötteln. Ein Hunger nach Farbe stellt sich ein, und man kann dann mit Sicherheit, diesen Hunger stillen, während die Blinden sich leicht einen Magenkatarrh dabei holen. Denn ohne sicheres Farbengefühl kann man nicht mit Farben umgehen, ohne Gefahr zu laufen, Geschmacklosigkeiten zu begehen.

Man hat viel über den Dilettantismus der bildenden Künste gespöttelt. Man will sogar einen Schaden für diese Künste darin erblickt haben. Welche Kurzsichtigkeit! Oder hat vielleicht das Klavierspiel Beethoven und Wagner Schaden zugefügt? Höchstens den lieben Nachbarn. Aber auch dieser fällt bei den bildenden Künsten weg.

Selbst ohne die Pflege der bildenden Künste könnte uns die Mithilfe der Frau in der Wohnungseinrichtung nur willkommen sein. Die Frau hat mehr mit Farben umzugehen als der Mann.

Aus ihrer Kleidung ist noch nicht alle Farbe verbannt. Durch die stetige Sorge um die Farbe in ihrem Anzuge hat sie sich noch das Farbengefühl bewahrt, das dem Manne durch seine farblose Kleidung vollständig abgeht. Auch dem Tapezierer, denn dieser lernt nicht mit wirklichen Farben umzugehen, sondern mit den Veränderungen, denen diese Farben durch Abnützung und Schmutz im Laufe der Jahrhunderte unterworfen waren. Aus Grün wird Olivengrün, aus Rot wird Braunrot. Und in dieser olivengrünen und braunroten Tapezierersauce sind wir ein ganzes Jahrhundert herumgeschwommen.

Resumé: Die Österreicherin versucht, ihren Mann durch gute Küche an die Familie zu fesseln, die Amerikanerin und Engländerin durch ein gemütliches Heim. Das entspricht eben den verschiedenen Feinden, die das Familienleben in diesen verschiedenen Staaten besitzt. Hier das Wirtshaus, dort der Club.

Der deutsche Ehemann bekommt aber mit der Zeit auch englische Bedürfnisse. Auch er will ein wohnliches Heim besitzen. Und da werden unsere Hausfrauen gut tun, sich zu amerikanisieren. Eine Wiener Zeitung hilft ihnen dabei. Es ist dies die »Wiener Mode«, das einzige Blatt, das der modernen Bewegung im Kunstgewerbe, soweit es sich auf weibliche Handarbeiten bezieht, voll und ganz Rechnung trägt. Das einzige in deutscher Sprache. Hand in Hand mit dem Tapisserie-Geschäft Ludwig Novotny hat es eine Umwälzung in der Nadelarbeit hervorgerufen.

Die Firma Ludwig Novotny hat sich auf der Ausstellung rühmlichst hervorgetan. Sie hat den Beweis erbracht, daß die Nadelarbeit, bisher durch ihre falsche Anwendung ein Stiefkind unseres Kunstgewerbes – man erinnere sich nur an die ehemalige gute Stube, die den Eindruck eines gehäkelten Museums machte – auch in großen Quantitäten im Wohnraume verwertet werden kann. Novotny stellte nämlich ein ganzes Zimmer – ich wage schon gar nicht, es zu sagen, aber Mut! – im englischen Style aus, das fast durchwegs Nadelarbeit als Dekoration aufwies. Obwohl Ausstellungsobjekt, machte der Raum doch einen außergewöhnlich warmen und wohnlichen Eindruck. Man sah sofort: in diesem Raum herrscht die Frau. Und das ist recht. Familienräume sollen immer etwas Feminines haben. Das kann aber der Tapezierer schlecht. Will er feminin werden, schlägt er leicht ins kokottenhafte um. Die solide bürgerliche Tüchtigkeit kann jede Frau selbst ihren Wohnräumen verleihen.

Zur Arbeit der Frau gehört seit neuester Zeit auch der Knüpfteppich. Wir sahen in den letzten Jahren sehr verunglückte moderne Versuche. Noch in der letzten Weihnachtsausstellung wurde einem von einem Wiener Künstler zugemutet, auf einem Drachenkampf herumzusteigen. Vor vierzig Jahren war's der Löwenkampf. Man sieht also: die Form hat sich geändert, der Geist ist geblieben. Morris, der große Kunstgewerbe-Reformator, hat sich auch in Teppichen versucht. So viel er sich auch anstrengte, Neues zu bringen, es wurden doch immer wieder orientalische Teppiche. Denn der orientalische Teppich ist die Akme der textilen Fußbodenbekleidung. Ohne figuralen Schmuck, ohne aufdringliches Ornament, bei

Verwertung sämtlicher Farben, bei dem Aufgeben jeder Fern- oder Nahwirkung ist er der Bodenbelag *par excellence*. Man sah solche moderne Versuche bei Orendi aus der Maffersdorfer Fabrik von Ginzkey. *Vivat sequens!*

Das deutsche Heim ist noch weit entfernt vom herrlichen englischen Ideal. Unser Volk singt Marsch-, Wander- und Liebeslieder. Ein Lied wie das englische »*Home, sweet home*« kennt es nicht. Worte wie *homelike* können wir im Deutschen gar nicht wiedergeben. *Homefeeling* kennt man nicht. Die Kinder hängen wohl an der Familie, an den vier Wänden hängen sie nicht. Beim Ausziehen wird kein Familienmitglied melancholisch. Im Gegenteil. Man freut sich auf die neue Wohnung, von der man sich bessere Nachbarn und eine bessere Hausmeisterin erhofft. Das ist die Hauptsache. Niemand denkt daran, daß man durch ein eigenes Heim, durch seinen eigenen Garten allen diesen Unzukömmlichkeiten aus dem Wege gehen könnte. Aber unsere Zeit ruft gebieterisch nach eigenen Heimstätten. Möge diese englische Krankheit auch einmal über uns kommen! Denn gegenwärtig ist nur die Sehnsucht nach dem eigenen Heim die Triebfeder zur Ehe. Alles kann dem Junggesellen gegenwärtig geboten werden, nur eines nicht: das eigene Heim.

Von der Sparsamkeit

Eine Sache wird unmodern in dem Augenblick, wo unser Fühlen sich auflehnt und sobald wir lächerlich werden würden, wollten wir bei der Sache verbleiben.

Der Zylinder hat verschiedene Formen. Stellen wir hundert Zylinder nebeneinander. Ich will zu einem Begräbnis gehen. Ich versuche verschiedene Formen, sehe, daß sie zumeist unmöglich, lächerlich sind, und daß nur ein einziger Hut paßt. Jener – sagen wir – von 1924.

Dieser Zylinder ist für mich und meine Zeit die einzig mögliche Sache.

Die Menschen finden nur das modern, was überhaupt möglich ist.

Der Zylinder von 1924 ist ganz gut möglich, und wenn ich ihn vor zwanzig Jahren hätte tragen können und ihn auch heute tragen könnte, wäre alles vortrefflich. Und weil ich ihn überhaupt tragen kann, hat dieser Zylinder seine volle Produktions-, allgemeiner gesprochen, seine wirtschaftliche Berechtigung.

Doch das alles sind eigentlich Modesachen, die bald vorübergehen.

Aber wenn es geschieht, daß ein Schreibtisch nach zehn Jahren für mich den ästhetischen Wert verliert, daß ich ihn unmöglich finde, daß ich ihn beseitige und mir einen neuen kaufen muß, so ist es ein riesiger wirtschaftlicher Verlust.

Ich verwerfe alle Neuerungssucht. Nur der konservative Mensch ist sparsam und jeder Novateur ist ein Verschwender.

Ein Mensch jedoch, der viele Kleider hat, sorgt sehr dafür, daß sie nicht aus der Mode kommen.

Wer nur einen Anzug hat, ist überhaupt an keine Rücksicht gebunden. Im Gegenteil. Er vernichtet in sehr kurzer Zeit durch den ständigen Gebrauch seinen Anzug und zwingt so den Schneider zur Erfindung stets neuer Formen.

Der Einwand, diese ständigen Änderungen der Mode seien ein sehr nützliches Ding, indem sie den Erzeugern viel Arbeit verschaffen, ist eine verkehrte Anschauung.

Man muß viele Kleider haben, damit man sie nach dem tatsächlichen Bedürfnis wechseln kann. In den Regen nehme ich den Gummimantel, im Frühjahr ziehe ich den Überzieher an, im Winter einen Wollanzug und damit schone ich meine ganze Garderobe. Die Mode ist etwas, das nur deshalb rasch verläuft, weil wir zeitlich mit unseren Sachen nicht auskommen. Sobald wir Gegenstände haben, die lange halten und schön bleiben, hört die Mode sofort auf. Wir müssen die Schönheit nach der Zeit messen. Eisenbahnschienen kann ich nicht darnach beurteilen, wie viel Züge über sie fahren können, sondern nur nach ihrer Dauerhaftigkeit. Sie werden stets gut sein, wenn sie gut, verläßlich dienen werden.

Überhaupt lebt die Materie. Und Materie, Stoff, Produkt Kleid brauchen notwendig eine gewisse Zeit der molekularen Ruhe.

Ich lobe deshalb die großen Kleiderschränke, das ist der richtige Vorgang, denn u. a. versichert mir ein solcher Schrank jede Minute, daß ich unabhängig bin.

Die Form dort zu ändern, wo keine sachliche Verbesserung möglich ist – es ist der größte Unsinn.

Ich kann etwas Neues dort erfinden, wo ich eine neue Aufgabe habe, somit in der Architektur: ein Gebäude für Turbinen, Hangars für Luftschiffe. Aber Stuhl, Tisch, Kleiderschrank? Ich werde niemals zugeben, daß wir erprobte und Jahrhunderte hindurch eingelebte Formen wegen eines Phantasiebedürfnisses ändern sollen.

Der Unterschied zwischen dem XVIII. und dem XIX. Jahrhundert ist geradezu abgründig. Damals arbeiteten 95 Prozent aller Menschen, damit 5 Prozent Perücken und kostbare Kleider tragen und sich als Kavaliere aufführen können. Das war eine große soziale Unmoral.

Heute hat der Arbeiter und der englische König grundsätzlich, vom formalen Gesichtspunkt beurteilt, die gleichen Kleider. Unsere Präsidenten und Monarchen des zwanzigsten Jahrhunderts haben nicht das geringste Bedürfnis nach Mummenschanz mit Krone und Hermelinmantel.

Das hat einen tieferen Sinn, als es scheinen mag. Der moderne intelligente Mensch muß für die Menschen eine Maske haben. Diese Maske ist die bestimmte, allen Menschen gemeinsame Form der Kleider. Individuelle Kleider haben nur geistig Beschränkte. Diese haben das Bedürfnis, in alle Welt hinauszuschreien, was sie sind und wie sie eigentlich sind.

Und so ist es auch mit den Möbeln. Man läßt formale Willkürlichkeiten machen, damit man sofort merke, wer der Herr Besitzer ist und daß er als Mensch etwas ganz anderes ist, als alle anderen Menschen.

Es ist richtig, es gibt billige und teure Kleider. Das richtet sich nach der Beschaffenheit des Stoffes und der Vollkommenheit der Arbeit. Aber auch hier gibt es Grenzen. Wir haben im Sport Champions, die 100 Yard absolut in der kürzesten Zeit zurücklegen. Es gibt einen Menschen, der von allen Menschen am höchsten springt. Und so gibt es auch irgendwo einen ausgezeichneten Schneider, der aus dem besten Material die technisch vollkommensten Kleider zu machen versteht. Er ist vielleicht in New York, in London, in Paris, ich weiß nicht wo.

Der Luxus ist ein sehr notwendiges Ding. Die Qualitätsarbeit muß von jemand bezahlt werden. Und diese Luxusindustrie, die nur wenigen dient, bedeutet das, was ich von dem besten Läufer und dem vortrefflichsten Springer gesagt habe, das heißt, daß zu dieser Produktionsvollkommenheit wenigstens ein kleines Häufchen handwerklich fähigster Menschen mühsam gelangen muß. Durch Begabung und Ausdauer. Das muß das Beispiel der besten menschlichen Fähigkeit sein. Sonst geht es mit allem und auf jedem Gebiete abwärts. Der Schneider des englischen Königs wirkt durch sein aufmunterndes Beispiel, durch seine vollendete Arbeit auf die ganze englische Kleidererzeugung ein. Ohne diese hervorragenden Menschen gelangen wir nicht über den Durchschnitt hinaus.

Jedes Bestreben, die Dauer eines Gegenstandes zu verringern, ist verfehlt. Wir müssen bei allen Gegenständen, die wir erzeugen, ihre Zeitdauer erhöhen. Dann ist es richtig.

Ich habe einen Stoff, der schlecht ist, lasse mir einen Anzug machen, und der Anzug hält ein Drittel der Zeit, die ein guter hält. Eins zu drei! Ein guter Anzug, das bedeutet Sparsamkeit, ein schlechter, das bedeutet Geldvergeudung. Das ist eine große und außerordentlich bedeutungsvolle volkswirtschaftliche Frage. Wenn aber Sachen aus dem besten Material und von den besten technischen Kräften erzeugt werden, Gegenstände des sogenannten Kunstgewerbes, die durch ihre eigenwilligen Formen in einigen Jahren aus der Mode kommen – so ist es Verschwendung.

Sich monatelang mit Spitzenklöppeln abmühen, nur damit die Spitzen in einer einzigen Nacht zerrissen werden, ist eine schlechte Sache. Diese Spitzen werden mühelos und unverhältnismäßig billiger von der Maschine hergestellt.

Trachten wir nach Veredlung und Ökonomie. Ich weiß nicht, wer sparsamer ist: derjenige, der guten Wein trinkt oder derjenige, der große Mengen von schlechtem Wein konsumiert.

Aber ich will auch etwas von der Psychologie des Sparens sagen. Wenn ich eine Zigarettendose kaufe, will ich doch nicht vergewaltigt werden, will nicht, daß man mir die Freude an Stoff und Arbeit nimmt und das zweifelhafte Vergnügen des Ornaments gibt. Ich will den Stoff selbst in zweckmäßiger Zurichtung. Ein Ring, das bedeutet ein Stück gutes Gold in Reifenform. Eine Zigarettendose, das sind zwei flache Schalen aus gutem Silber, ganz glatt. Die schöne, dem Tastgefühl so angenehme Glätte der Silberfläche ist die beste Verzierung.

Aber das gefällt den Leuten nicht. Sie wollen etwas Kompliziertes, Mühsames haben. Dann gibt es also bei uns noch afrikanische Verhältnisse. Mittelalter!

Diese Mühsamkeit, Kompliziertheit! Wie kann mir ein Essen schmecken, das mit großer Mühe und Aufwendung von viel Scharfsinn acht Tage lang zubereitet wurde: Durch diese Mühsamkeit, Kompliziertheit und die übertriebene Sorgfalt wird das Gastmahl einfach geschmacklos und abgeschmackt. Eben weil acht Tage lang an ihm gearbeitet wurde. Der moderne Mensch verträgt nur noch schwer solche Energieexzesse.

Wie kann mich ein Gegenstand freuen, an dem fünf Jahre lang gearbeitet wurde? Das ist Herrensadismus. Wir sind heute über solche Sachen einfach erhaben. Wir wollen im Gegenteil Arbeit sparen, den Nebenmenschen schonen und vor allem Stoff sparen. Ich bekenne, daß ich von einer geradezu krankhaften Sparsamkeit bin und Führer im Sparen sein möchte.

Wenn ich ein gestutztes Brett sehe, tut mir das Material leid, weil ich das fehlende Stück durch die Vorstellung des Teiles an der leeren Stelle ergänze. Und das Stück tut mir leid.

Ich habe in Prag gesehen, daß man edles Material

unbarmherzig schneidet und aus ihm gedrechselte und kompliziert zusammengesetzte Dinge macht. Das ist eine Sünde.

Jede Zeit ist in ihrer Weise sparsam. Das XVIII. Jahrhundert gab viel für Essen aus und sparte sehr an der Sauberkeit. Es ist ein stinkendes Jahrhundert. Man riecht es bis jetzt sogar aus den Möbeln.

Heute wird auf Sauberkeit mehr geachtet.

Die amerikanischen Soldaten richteten auch in den Schützengraben Badezimmer ein. Und was geschah nicht? Man rief: »Das wollen Soldaten sein?« Warum? Weil die Vorstellung des guten Soldaten bei uns in Europa unzertrennlich verknüpft ist mit einem unsauberen Soldaten.

Und wieder spart jeder Mensch anders an verschiedenen Dingen.

Ich bin überzeugt, daß der Proletarier ein viel weniger sparsamer Mensch ist, daß er viel leichter Geld ausgibt. Der Arbeiter bedenkt sich nicht lange, ob er ein Glas Bier trinken soll, der Beamte überlegt lange hin und her, aber der gleiche Beamte wirft bedenkenlos Geld für eine dumm-dekorative Krawatte hinaus, zu deren Ankauf der Arbeiter wenigstens einen halben Tag Überlegung brauchen würde.

An Stelle der bisherigen Vorliebe für das Ornament muß das Gefallen am Material treten. Wir kennen das Material überhaupt nicht. Einst wurden Golddukaten zum Fenster hinausgeworfen – ein Herrenvergnügen –, auch Perlen in Essig aufgelöst, dann trank man die Lösung. Perlen wurden auch geschnitten. Heut wird niemand etwas so Sündhaftes tun.

Und am wenigsten fühlen wir mit dem Material, die geringste Schätzung des Stofflichen finden wir in der Tischlerei. Dieses Fühlen mit dem Material haben in der Architektur und in der Tischlerei die modernen Architekten beseitigt.

Einem Chinesen wurde eine Arbeit übertragen, er ging in den Wald und suchte einen geeigneten Baum. Lange suchte er, endlich fand er ihn doch und sagte: »Hätte ich den Baum nicht gefunden, hätte ich meine Arbeit nicht ausgeführt.«

So fühlt man mit dem Material!

Die Materie muß wieder vergöttlicht werden. Die Stoffe sind geradezu mysteriöse Substanzen. Wir müssen tief und ehrfürchtig staunen, daß etwas Ähnliches überhaupt geschaffen wurde.

Und ein an sich vollendet schönes Material noch mit Ornamenten verzieren? Edles Mahagoni durch Violettbeize »verbessern«? Das sind Verbrechen.

Wenn mir jemand sagt, es sei eine grausame Strafe zu einem solchen üblichen Gefängnis verurteilt zu sein, das sympathisch ist durch seine Schlichtheit, durch die Sprache des weißen Kalkes, der Holzpritsche, weiß ich nicht, wie viel fürchterlicher das Gefängnis in einem höchst zeitgemäßen, von einem »modernen Architekten« geschaffenen Interieur wäre, von seinen Teppichen bis zu den Vorhängen, vom Aschenbecher bis zum Uhrzeiger und von der Kohlenkiste bis zum Federhalter?

Zehn Jahre Gefängnis für einen solchen Entwerfer!

Unsere Architekten – Möbelarchitekten und Dekorateure – halten für ihre Hauptaufgabe: das Überholen. Ich bitte, ich wiederhole: das Überholen. Der Schuster, der gute Schuhe macht, kann diese seine guten Schuhe niemals überholen. Und wenn ich mir sein Erzeugnis zu erhalten weiß, weil ich viele Schuhe habe, werden sie stets modern sein. Gott sei Dank, die Schuster überholen einander noch nicht. Und verhüte Gott, daß die Architekten Schuhe entwerfen sollten. Dann würden die Schuster mit gewaltigem Eifer mindestens alle zwei Jahre lang einander überholen.

Ich habe zwanzig Jahre Schuhe und sie sind nicht aus der Mode.

Ich brauche meine Entwürfe überhaupt nicht zu zeichnen. Eine gute Architektur, wie etwas zu bauen ist, kann geschrieben werden. Das Parthenon kann man niederschreiben.

Ich bin gegen das Photographieren von Interieurs. Es kommt dabei etwas ganz anderes heraus. Es gibt Architekten, die Einrichtungen machen, nicht damit der Mensch in ihnen gut wohne, sondern damit es beim Photographieren schön ausfalle. Das sind die sogenannten gezeichneten Architekturen, die durch ihre mechanische Zusammenstellung von Schatten- und Lichtlinien am besten wieder einem mechanischen Apparat entsprechen, hier also der Dunkelkammer. Nach Photographien oder Reproduktionen lassen sich meine Wohnungseinrichtungen überhaupt nicht beurteilen. Ich bin gewiß, daß es auf der Photographie elend, effektlos ausfällt.

Die Photographie entstofflicht nämlich, aber ich will gerade, daß die Menschen in meinen Zimmern den Stoff um sich fühlen, daß er auf sie wirke, daß sie von dem geschlossenen Raum wissen, daß sie den Stoff, das Holz fühlen, daß sie es mit ihrem Gesicht und Tastsinn, überhaupt sinnlich wahrnehmen, daß sie sich bequem setzen dürfen und den Stuhl auf einer großen Fläche ihres peripheren Körpertastsinns fühlen und sagen: Hier sitzt es sich vollkommen. Wie soll ich auf der Photographie jemand beweisen, dem Menschen, der diese Photographie sieht, beweisen, damit er fühle, wie gut man auf diesem meinen noch so gut photographierten Stuhl sitzt?

Sie sehen also, die Photographie sagt nichts. Die Photographie zeichnet hübsche oder weniger hübsche Bildchen. Durch sie werden die Menschen von dem eigentlichsten Ding abgeleitet. Falsch erzogen. Die Photographie hat es auf dem Gewissen, daß die Leute sich einrichten wollen, nicht um gut zu wohnen, sondern damit es hübsch aussehe. Die Photographie täuscht. Niemals wollte ich mit meinen Sachen jemand täuschen. Eine solche Methode verwerfe ich. Aber unsere Architekten sind nur und nur in dieser Methode der Täuschung erzogen und wachsen aus ihr empor; ihren Ruf begründen sie auf hübschen Zeichnungen und schönen Photographien. Sie tun es bewußt, denn sie wissen, daß die Menschen derart ratlos sind, daß ihnen eine zeichnerische, photographische Illusion genügt, um darin zu wohnen und darauf sogar stolz zu sein. Dabei sind die Kunden so wenig aufrichtig sich selbst gegenüber, daß sie es sich gar nicht gestehen wollen, wenn sie in all diesen Zeichnungen und Photographien mit Selbstverleugnung wohnen.

– Volkskunst? Was ist das? Nackte Knie? Volkstrachten? Volkstänze? Und wir aus der Stadt sollen wie ins Theater hingehen, auf Bänken sitzen und zuschauen? Ist es nicht ein Unfug? Ist es nicht für uns ebenso beschämend wie für die Landleute? Haben wir Städter und jene auf dem Land so etwas nötig? Die Schranken zwischen Land und Stadt sollen überhaupt fallen. Diese Verschiedenheit ist etwas Künstliches und dabei Lächerliches. Wir betrachten die Leute vom Land als primitive Menschen. Sie sind uns in der Stadt lächerlich. Wir sind ihnen auf dem Land lächerlich. Das ist eine künstliche Schranke, deren wir uns schämen sollten: das Nichtbegreifen der grundlegenden Lebensfunktionen, das Nichtbegreifen der Arbeit des Menschen, der höheren Sendung, die ein jeder Arbeitsmensch hat, mag er was immer Nützliches tun, mag er wo immer leben, in Paris oder im letzten mährischen Dorf. Solche zwei Menschen können ihre bedeutende Qualität haben, denn der Mährer muß nicht als Mensch nichts taugen und der Pariser kann ein vollkommener Trottel sein, oder einer von ihnen ist etwas und der andere nichts – überhaupt erhöht der Umstand, daß jemand an einem bestimmten Orte der Erdkugel lebt, dieses oder jenes arbeitet, an sich noch in keiner Weise sein Menschentum. Nur ein beschränkter Mensch aus Prag oder Wien kann sich einbilden, etwas mehr zu sein als derjenige, der in Iglau oder in Lhota lebt und arbeitet.

Ich bin stets froh, wenn ich längere Zeit in Amerika und in England gelebt habe.

ADOLF LOOS

Die englische Braut möchte am liebsten sämtliche Möbel ihrer Eltern davontragen. Bei uns wollen die Bräute nichts davon hören, daß sie finanziell ihren Eltern die Sache erleichtern würden, wenn sie etwas von ihren Möbeln übernehmen wollten. Sie wollen etwas Neues, »Modisches«, »Modernes« haben. Sie wollen sogar einen »künstlerischen Entwurf« haben. Und in vier Jahren werden sie wieder einen anderen »künstlerischen Entwurf« haben wollen, weil sie finden werden, daß ihre Möbel schon ganz unmodern sind und ganz neue Kunstentwürfe gemacht werden. Das ist fürchterlich! Das ist ein Verschwenden von Energie, Arbeit, Geld, das sind furchtbare volkswirtschaftliche Schäden.

Dabei sind die englischen Möbel der Gipfel der Bequemlichkeit und die unseren – »nach künstlerischen Entwürfen moderner Architekten« – eine Pyramide von Unsinn und Sünden wider den Stoff, den Zweck und die Verarbeitung.

Ein englisches Klubfauteuil ist eine absolut vollkommene Sache. Solcher vollkommener Typen gibt es in England und Amerika viele in anderen Möbelgattungen. Ich glaube, daß jedes Jahr in der ganzen Welt nur eine einzige gute Type gemacht wird, die einer längeren Lebensdauer fähig ist. Alles andere verschwindet in einigen Jahren, wird den Leuten unerträglich wie ein alter Damenhut. Das sogenannte Kunstgewerbe schafft durchwegs lendenlahme Sachen und solche »künstlerische Einrichtungen« können nur deshalb existieren, weil sie im vorhinein bestellt, im vorhinein bezahlt, weil sie überhaupt schon einmal erzeugt sind, weil sie in einer einzigen Garnitur in der Wohnung stehen und die Leute es geduldig ertragen müssen, ob sie nun wollen oder nicht – wenn sie sich schon einmal etwas Ähnliches eingebrockt haben.

Ich habe es daher nicht gern, wenn man mich Architekt nennt. Ich heiße einfach Adolf Loos.

Das Sparen ist den Wienern etwas wirklich Fürchterliches. Das ist eine wahre Manie, wie sie ständig die Wohnung ändern, immerzu etwas Neues anschaffen, umstellen, von Architekt zu Architekt laufen müssen. Das ist ein Zeichen unserer Zeit, dieses Chaos. Und jeder kann sich Verdienste erwerben, der ein wenig zur Ruhe in unserer Architektur beiträgt.

Wir haben keine Architektur, wir haben Häuser, die angezogen sind. Das ist so, als würde man sagen: Kein Sattel, sondern ein angezogener Sattel. Das ist ein Sattel, der eine ornamentale Form hat und dessen Zweck überhaupt nicht oder ganz unzulänglich unter einem kunstgewerblichen Kleid deutlich wird, wie der Frauenkörper in einem Kunstgewerblerkleid »nach einem Entwurf« steckt. Wir allerdings müssen uns anziehen, warum wir aber die Architektur anziehen, verstehe ich nicht.

Wäre die Ringstraße nicht in den Siebzigerjahren erbaut worden und sollte sie heute gebaut werden, hätten wir eine vollkommene architektonische Katastrophe. Was ich vom Architekten will, ist nur eines: daß er in seinem Bau Anstand zeige.

So oft ich in Brünn war und das Deutsche Haus und die tschechische »Beseda« sah, sagte mir der Charakter dieser zwei Bauten sofort, wie es einmal mit Brünn ausfallen müsse. Das ist doch klar! Ich möchte diese zwei Bilder irgendwo nebeneinander reproduzieren lassen. Aber nach dem, was ich neulich in Prag gesehen habe, glaube ich, daß die tschechischen Architekten sich zu den Formen des Brünner Deutschen Hauses bekehren. Das ist ein schlechtes Zeichen.

Ein Millimeter mehr oder weniger im Profil – das schmerzt mich. Der heutige Architekt ist durch seine ganze Anlage und Erziehung ein unsparsamer Mensch. Und von solchen, die sich mit Theaterausstattung befassen, ist erst recht nichts Vernünftiges zu erwarten. Das sind Menschen, bei denen das Nichtsparen mit dem Material zur dauernden Gewohnheit wird. Sie werden zu Spezialisten in Pappefelsen, in allerlei Illusionen und Klügeleien und verlieren völlig den Sinn für Dimensionen, weil es auf dem

Theater nicht anders geht: alles nur so beiläufig, zum Anschauen. Theaterdirektoren luden mich zu Inszenierungen von Stücken ein. Ich kam nicht. Es widerstrebt meiner ganzen Natur. Theaterarchitekturen sind mir einfach unerträglich. Das ist überhaupt keine Architektur.

Ob eine Sache modern ist, erkennt man am besten daran, ob sie sich in die Nachbarschaft alter Sachen eignet. Ich versichere Ihnen, daß meine Möbel in der Nachbarschaft der europäischen Möbel aller Jahrhunderte und aller Länder und nicht minder gut auch zu chinesischen, japanischen und indischen Gegenständen passen. Mag einer mit den Schöpfungen unseres »Kunstgewerbes« etwas Ähnliches versuchen!

Das erste im Zimmer überhaupt ist der Stuhl. Wenn ich etwas einrichten soll, muß ich zuerst einen Stuhl haben und von ihm gehe ich zu allem anderen über.

Ich halte es für einen großen Fehler, wenn die Menschen sich Möbel aus Edelhölzern und kostbaren Stoffen anschaffen. Sie müssen dann immerzu aufpassen, daß nichts beschädigt werde. Für ein wirkliches Wohnen haben wir doch Stoffe in alle Ewigkeit, und wären es keine anderen als: Schweinsleder, Eiche, Wolle.

Die Wohnung darf niemals fertig sein. Ist der

Mensch in physischer und geistiger Hinsicht jemals abgeschlossen, fertig?

Bleibt er überhaupt auf einem toten Punkt stehen? Und wenn der Mensch in ständiger Bewegung und Entwicklung ist, wenn alte Bedürfnisse vergehen und neue entstehen, wenn überhaupt die ganze Natur und alles um uns sich ändern, soll das, was dem Menschen am nächsten steht, seine Wohnung, unverändert, tot und in alle Zeiten eingerichtet bleiben? Nein. Es ist lächerlich den Leuten vorzuschreiben, wo ein Ding stehen soll, ihnen alles vom Klosett bis zur Aschenschale einzurichten. Ich liebe es im Gegenteil, wenn die Menschen ihre Möbel so umstellen, wie sie (nicht ich!) es brauchen, und es ist durchaus natürlich und ich billige es, wenn sie ihre alten Bilder, ihre Erinnerungen hineinbringen, die sie lieb haben, mögen die Sachen geschmackvoll oder geschmacklos sein. Darauf kommt es mir doch wenig an. Für sie aber ist es ein Stück empfindsamen Lebens und vertraulicher Intimität. Das bedeutet, daß ich ein Architekt bin, der menschlich und nicht künstlerisch-unmenschlich einrichtet. Ich staune überhaupt, daß so viele Menschen sich von den sogenannten Architekten für Innendekoration tyrannisieren lassen!

Auf den Akademien wird unseren Architekten die Erziehung zuteil: »Wie schön es früher war – und wie es heute nichts taugt.« Auch ich habe sie erhalten. Und es dauerte Jahre, bevor ich diese unmögliche Erziehung aus mir herausgequält, mich umerzogen und begriffen habe, daß eigentlich der Aristokrat in einer Hinsicht uns allen als Vorbild dienen kann. Ich meine das so, daß er Sinn für das Material hatte. Also nicht Pferde überhaupt, noch auch schöne Pferde, sondern reinblütige, wenn auch weniger gefällige Pferde. Nicht irgendeinen Koffer, sondern einen aus dem allerbesten Material. Einen gründlichen, für ganze Jahrhunderte. Und so gelangte ich dazu, daß der Grundsatz, den manches sonst geistig beschränkte Mitglied des Jockey-Klubs hat, durchaus richtig ist. Die Aristokraten achteten einzig auf das Material und die genaue vollkommene Arbeit. Es war dies ein schwerer Prozeß bei mir. Warum? Weil man es für eine Schmach hielt zu sagen, daß es das Richtige ist. Übrigens hat dies alles Ruskin am Gewissen. Ich bin sein geschworener Feind. Irgendwann im Jahre 1895, als ich in Amerika war, begriff ich erst, daß ein Thonet-Stuhl der modernste Stuhl ist.

Die Gegenstände, mit denen ich einrichte, kann jeder Tischler machen. Ich mache keinen Patentarchitekten aus mir. Meine Sachen kann jeder Marmorarbeiter, jeder Textilist oder Industrielle machen und braucht mich nicht ergebenst zu bitten. Die Hauptsache ist, daß er eine ehrliche Arbeit leiste. Und vor nichts habe ich mich im Leben so gehütet, wie vor dem Produzieren neuer Formen.

Die Architekten sind dazu da, um die Tiefe des Lebens zu erfassen, das Bedürfnis bis in die äußersten Konsequenzen durchzudenken, den sozial Schwächeren zu helfen, eine tunlichst große Anzahl von Haushaltungen mit vollkommenen Nutzgegenständen auszustatten, und niemals sind die Architekten dazu da, um neue Formen zu erfinden.

Aber das alles sind Anschauungen, die heute noch in Europa so viele Menschen begreifen werden, daß man sie an den Fingern einer Hand zählen könnte.

Vom Nachsalzen

Ich schrieb vor Jahren einen Artikel über die Art, wie die Wiener in den Restaurants essen. Keine Zeitung wollte ihn mir abdrucken. Ich könne doch nicht verlangen, daß das Blatt alle Abonnenten verliere. Aber einen Bürstenabzug bekam ich. Folgende Stelle kam darin vor: »Zu den Unannehmlichkeiten des Wiener Restaurantlebens gehört auch die Tatsache, daß man sich die Speisen nicht nachsalzen kann. Salzlöffel gibt es nicht. Und dadurch nimmt das Gasthaussalz nach und nach den Geschmack und die Farbe der ganzen Speisekarte an.« Das gab ich einem zu lesen, von dem ich erst dadurch erfuhr, wie nötig er mein Blatt hat. Er sagte nämlich: »Das ist auch eine Schweinerei. Alle fahren mit dem Messer, auf dem sich noch die Speisereste befinden, in das Salz. Ich lecke das Messer immer ab, bevor ich mir nachsalze.«

Man sieht, hier steht Ansicht gegen Ansicht.

Lob eines Salzstreuers.

Es ist doch sonderbar, daß man mitunter an den kleinen, dem Material nach wertlosen Dingen des täglichen Lebens mehr Freude empfinden kann, als an kostbaren Gegenständen. Wie schwer kann einen anderseits doch der Verlust eines geschickten Taschenmessers oder einer wirklich funktionierenden Füllfeder, der eigenen Hand gut angepaßt, treffen.

Nun habe ich ein kleines Ding, das mir sehr viel Freude macht. Es ist ein ganz gewöhnlicher hölzerner, allerdings neuartiger Salzstreuer, weiß lackiert, den ich bei keinem Mahl entbehren mag. Wie ein kleiner Pilz steht er dienstbereit auf dem Tisch. Ich wünsche mir insgeheim, daß die Speisen, ganz im Gegensatz zu früher, zu wenig gesalzen sind, damit ich meinen kleinen Diener in Anspruch nehmen kann. Es ist kein Salzfaß von früher, aus dem man mit dem Messer das Salz entnehmen mußte, weil gewöhnlich kein Löfferl dabei war, es ist auch keiner der gottlob schon üblichen Salzstreuer, bei denen man gewöhnlich zuerst zuwenig und nachher zuviel Salz bekam, es ist richtig das Ideal eines Salzstreuers. Wie schon gesagt, ist der Salzstreuer aus Holz, der dem Salz die ihm leicht anhaftende Feuchtigkeit entzieht. Bei diesem Salzstreuer gibt es keine Bröckchen und Klößchen und kein Versalzen mehr, denn der Knopf, den man nach Bedarf betätigt, streut nicht nur die gewünschte Menge Salz, sondern zerreibt und mahlt die inzwischen trocken gewordenen Klößchen. Und dieses praktische, freudespendende Ding kostet 1,60 Schilling.

In gleicher Ausstattung
erschienen:

www.metroverlag.at